小田急沿線の不思議と謎

増補改訂版

浜田弘明・監修
Hiroaki Hamada

JIPPI Compact

実業之日本社

はじめに

神奈川県に生まれ育ち、そして現在も住んでいる私にとって、小田急線は生活に欠かせない存在である。生まれ育った海老名《えびな》では、子どもの頃から厚木《あつぎ》や町田《まちだ》・新宿への買い物にはいつも小田原《おだわら》線（本線）を利用していたし、大学時代には都心への通学の足として毎日のように利用していた。

その後、大和《やまと》市に移り住んでからも、最寄りが南林間《みなみりんかん》駅ということもあって、日常的に江ノ島《えのしま》線を利用している。現住地の南林間は、本書でも紹介しているが、小田急が一九二九年に江ノ島線を敷設する際に開発した「林間都市計画」区域の一角に当たる。開通当時は「林間都市」と呼んでいたものの、松林などが広がり神奈川の軽井沢と呼ばれる地域であった。それが今や、住宅やマンションが林立する正真正銘の住宅都市へと変貌している。

小田急線は開通当初、山林や田畑の中を貫く、箱根・江の島への観光旅客輸送的要素が強い鉄道路線だった。しかし高度経済成長期になると、新宿駅と直結していることから、神奈川都民と呼ばれるサラリーマンを輸送する通勤路線へと顔を変えている。

それにともない、沿線の風景も目覚ましく変わった。多摩《たま》線の開通（一九七四年）で新設された新百合ヶ丘《しんゆりがおか》駅の周辺は、多摩丘陵の山中からビル街へと変化した。また、私が子どもの頃の小田原線海老名駅は、田んぼの中の田舎駅にすぎなかったが、今では中高層ビルが林立する都会の駅になっている。

このように小田急電鉄は、沿線の住民にとって重要な鉄道動脈であるとともに、都市開発や生活にも大きな影響を与えてきたのである。

本書を刊行してから八年以上が経過し、小田急沿線も大きく変わった。そこで今回、大幅に増補改訂を行うこととした。

本文では、「江ノ島線の途中駅である藤沢駅がスイッチバックをするのはなぜか?」「神奈川県大和市にハチ公像が置かれている秘密」など、沿線利用者にとってなじみ深いが、理由が一般に知られていない謎をとり上げている。また、「数キロメートルのあいだに何度も県境を越える小田原線」、「国鉄と共同開発されたロマンスカーが新幹線のルーツ」など、小田急の伝説的な不思議な路線やユニークな車両についても紹介している。

すべての項目は、それぞれ独立して書かれているので、順序は気にせず、まずは興味を持った面白そうな項目から読むことをお勧めしたい。本書を片手に、いつもとは少し違った小田急沿線の散策をしてみるのはいかがだろうか。

二〇二三年一〇月
浜田弘明

小田急電鉄路線図

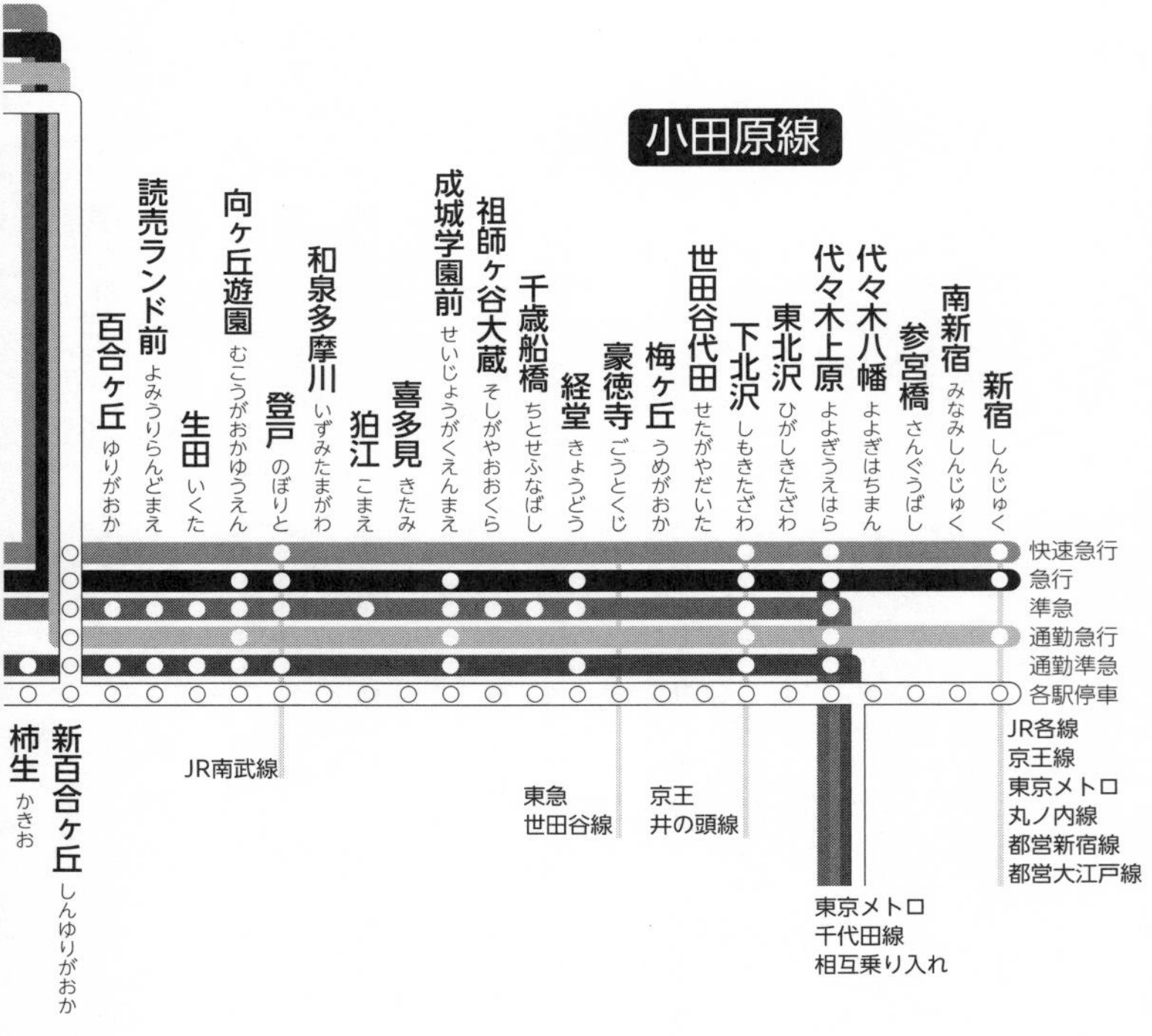

小田原線
新宿 しんじゅく
南新宿 みなみしんじゅく
参宮橋 さんぐうばし
代々木八幡 よよぎはちまん
代々木上原 よよぎうえはら
東北沢 ひがしきたざわ
下北沢 しもきたざわ
世田谷代田 せたがやだいた
梅ヶ丘 うめがおか
豪徳寺 ごうとくじ
経堂 きょうどう
千歳船橋 ちとせふなばし
祖師ヶ谷大蔵 そしがやおおくら
成城学園前 せいじょうがくえんまえ
喜多見 きたみ
狛江 こまえ
和泉多摩川 いずみたまがわ
登戸 のぼりと
向ヶ丘遊園 むこうがおかゆうえん
生田 いくた
読売ランド前 よみうりらんどまえ
百合ヶ丘 ゆりがおか
新百合ヶ丘 しんゆりがおか
柿生 かきお
快速急行
急行
準急
通勤急行
通勤準急
各駅停車
JR各線
京王線
東京メトロ
丸ノ内線
都営新宿線
都営大江戸線
東京メトロ
千代田線
相互乗り入れ
京王
井の頭線
東急
世田谷線
JR南武線

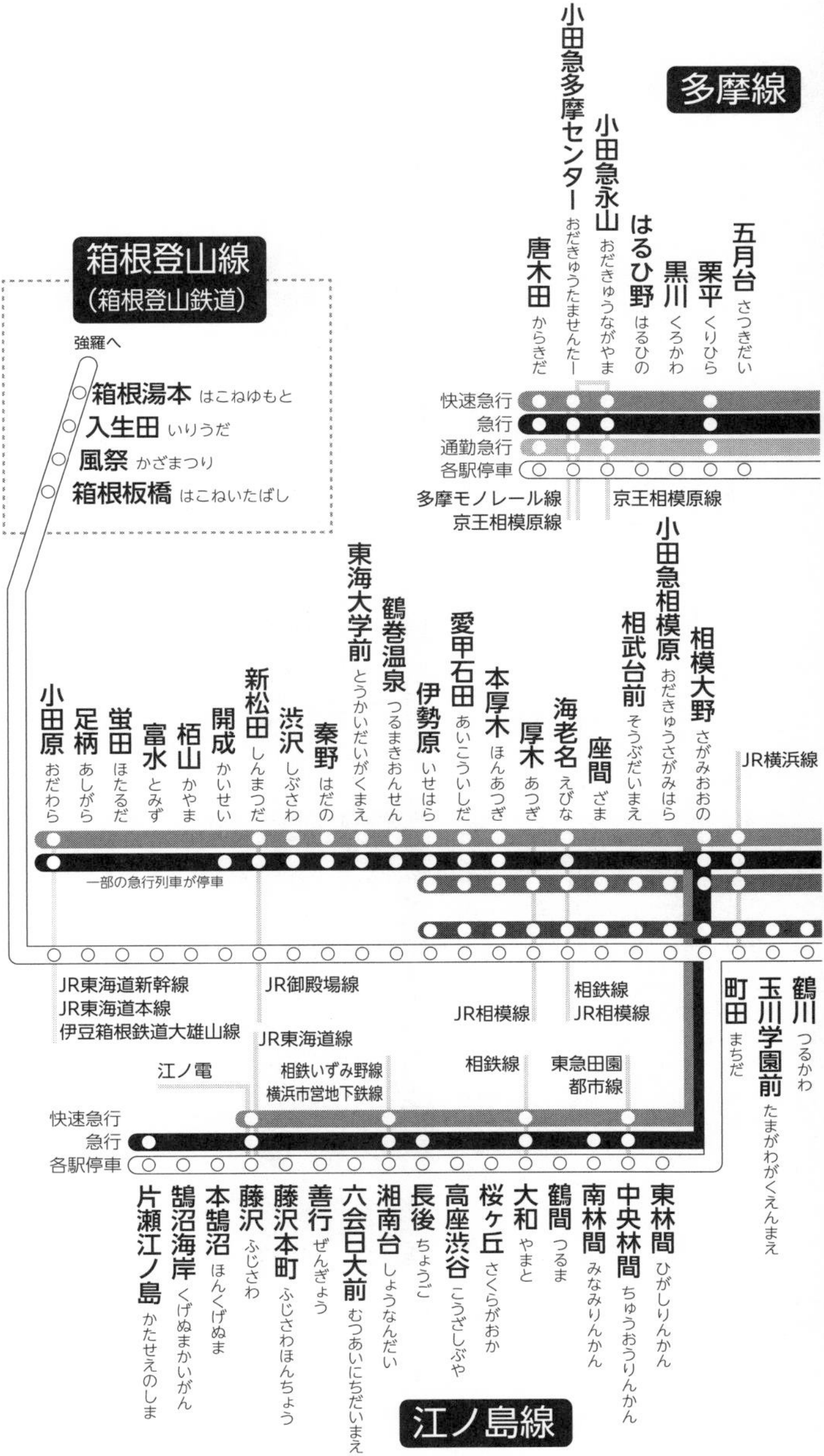

多摩線
小田急多摩センター おだきゅうたませんたー
小田急永山 おだきゅうながやま
はるひ野 はるひの
黒川 くろかわ
栗平 くりひら
五月台 さつきだい
唐木田 からきだ
快速急行
急行
通勤急行
各駅停車
多摩モノレール線
京王相模原線
京王相模原線
箱根登山線
（箱根登山鉄道）
強羅へ
箱根湯本 はこねゆもと
入生田 いりうだ
風祭 かざまつり
箱根板橋 はこねいたばし
小田原 おだわら
足柄 あしがら
螢田 ほたるだ
富水 とみず
栢山 かやま
開成 かいせい
新松田 しんまつだ
渋沢 しぶさわ
秦野 はだの
東海大学前 とうかいだいがくまえ
鶴巻温泉 つるまきおんせん
伊勢原 いせはら
愛甲石田 あいこういしだ
本厚木 ほんあつぎ
厚木 あつぎ
海老名 えびな
座間 ざま
相武台前 そうぶだいまえ
小田急相模原 おだきゅうさがみはら
相模大野 さがみおおの
JR横浜線
一部の急行列車が停車
JR東海道新幹線
JR東海道本線
伊豆箱根鉄道大雄山線
JR御殿場線
JR相模線
相鉄線
JR相模線
町田 まちだ
玉川学園前 たまがわがくえんまえ
鶴川 つるかわ
JR東海道線
江ノ電
相鉄いずみ野線
横浜市営地下鉄線
相鉄線
東急田園都市線
快速急行
急行
各駅停車
片瀬江ノ島 かたせえのしま
鵠沼海岸 くげぬまかいがん
本鵠沼 ほんくげぬま
藤沢 ふじさわ
藤沢本町 ふじさわほんちょう
善行 ぜんぎょう
六会日大前 むつあいにちだいまえ
湘南台 しょうなんだい
長後 ちょうご
高座渋谷 こうざしぶや
桜ヶ丘 さくらがおか
大和 やまと
鶴間 つるま
南林間 みなみりんかん
中央林間 ちゅうおうりんかん
東林間 ひがしりんかん
江ノ島線

小田急沿線の不思議と謎　増補改訂版《目次》

第一章　過去があるから今がある！　歴史がわかる都市開発物語

01

第二章 一度は訪れてほしい　沿線の名物・名所案内

02

第三章 思わず下車したくなる、不思議な駅を探せ！

03

第四章
何がどうしてこうなった？　謎の路線の形成史

04

第五章
誰もが知りたかった！　小田急電鉄の秘密

05

第六章　思わず乗ってみたくなる！　魅力いっぱいの車両たち

06

第七章 どちらがはじまり？ 地名と駅名のふかーい関係

07

◎凡例　各項目見出し下には、最寄駅の駅名と小田急電鉄の駅ナンバリングが示されています。アルファベットは、OH＝小田原線（箱根登山線を含む）、OE＝江ノ島線、OT＝多摩線を、数字は路線別の駅番号をあらわしています。

第一章

過去があるから今がある！
歴史がわかる都市開発物語

新宿が生まれ変わる！　小田急を中心とした「新宿グランドターミナル」とは

新宿
しんじゅく
OH 01

二〇二二（令和四）年一〇月二日、新宿駅西口のランドマークだった小田急百貨店新宿店本館が建て替えのため閉館。大勢の人が、長年親しんだデパートとの別れを惜しんだ。

小田急百貨店新宿店本館が全面オープンしたのは、一九六七（昭和四二）年のことである。正式名称を「新宿駅西口本屋ビル」といい、国鉄の西口地下改札（当時）前までつながった地上六二メートル、一四階建てのビルは、当時新宿で最も高いビルだった。

新宿駅西口本屋ビルの跡地には、高さ二六〇メートル、地上四八階・地下五階の複合ビルが二〇二九年度の竣工を目指して建設される。二〇二三（令和五）年現在、新宿で最も高い東京都庁舎が二四三メートルだから、新しい駅ビルは都庁よりも高くなる。高層階にはオフィス機能、中低層階には商業施設が入る予定となっている。

新宿駅西口本屋ビルの建て替えは、老朽化した駅ビルの単なる改築ではない。小田急だけでなく、新宿駅西口を中心に駅施設や駅ビル、駅前広場などを一体的に再開発する、「新宿グランドターミナル」プロジェクトの一環である。

2022年8月、閉館直前の小田急百貨店新宿店本館。2023年現在は左の小田急ハルク内で営業を続けている

現在の新宿駅は、昭和初期に大改良が行われた時の基本的な構造がそのまま使われている。もともと狭い土地で、戦前から戦後にかけて次々と施設が追加・拡張されたため、「ダンジョン」ともいわれるほど複雑な構造になった。東口と西口、そして南口相互間の移動がしにくく、滞留できる空間が少ないので混雑時には人の波に呑まれてしまいやすい。

「新宿グランドターミナル」プロジェクトでは、ＪＲの線路上空に、東口と西口を結ぶ自由通路のデッキを新設して東西の移動をスムーズにするほか、小田急ハルク前から西口駅前を通って南口方面まで歩ける歩行者デッキを整備する。デッキは道路を横断して、現在のヨドバシカメラ新宿西口方面へも行けるようになる計画である。

西口駅前広場は車の流入が抑制され、広々とした歩行者用の空間が整備される。現在の東京駅丸ノ内駅前広場をイメージするとわかりやすい。

小田急電鉄乗り場の上にオープンテラスの広場が誕生?

ＪＲ新宿駅が、従来の改札内北通路が地下東西自由通路として開放されるなど大きく姿を変えつつあるのに対し、小田急電鉄新宿駅の二層構造の乗り場は基本的に変わらない。変わるのはホームの上層階で、新たに二階部分に改札口が設けられ、三・四階にオープンテラスタイプの交流広場が設けられる。特急ロマンスカーの乗車前後に、テラスでＪＲの電車を眺めながらくつろぐ、なんてこともできるかもしれない。

人々が滞留する空間は、駅ビルの中層階（九～一四階）にも設けられる。床面積約二二五〇平方メートルの「スカイコリドー」は、新宿の眺望を楽しみながらくつろげる空間となる。新宿は駅にゆっくり過ごせる施設が少なく、周辺地域のカフェなどへ歩いて行く必要があったのが、大きく改善される。

また、小田急の西口地下改札口から東京メトロ丸ノ内線に至る空間も、大きく変わる。従来、新宿駅西口地下は中間階があったりエスカレーターホールがあったりと複雑に入り

新宿駅西口地区開発計画での計画建物イメージ。（小田急電鉄株式会社・東京地下鉄株式会社提供）

組み、小田急の改札口からＪＲ、東京メトロ方面の見通しが悪く人の流れが滞りがちだった。新ビルではここに「交通広場」が整備され、中間階の廃止や柱位置の調整によって、すっきりと見通しがよく混雑しても歩きやすい空間となる。エスカレーターをはじめバリアフリー施設も充実し、スムーズな移動が可能となる計画である。

隣接する「京王《けいおう》百貨店新宿店」と、「ルミネ新宿ＬＵＭＩＮＥ１」も将来的に建て替えられ、甲州《こうしゅう》街道をまたいで代々木に至るエリアに、最大で地上三七階、高さ二二五メートルの複合ビルが建設される。

小田急電鉄を中心とする新宿駅西口は、これから二〇年近い年月をかけて、大きく生まれ変わるのである。

下北沢の立体交差がついに完成！生まれ変わる若者のまち

下北沢
しもきたざわ
OH 07

二〇一八（平成三〇）年、小田原《おだわら》線の代々木上原《よよぎうえはら》～梅ヶ丘《うめがおか》間が複々線化され、代々木上原～登戸《のぼりと》間の複々線化、及び連続立体交差化が完成した。これにより、東北沢《ひがしきたざわ》の手前から下北沢《しもきたざわ》を経て世田谷代田《せたがやだいた》の先までが地下化され、町の景観が大きく変化した。

劇場や個性的な飲食店などが建ち並び、多様な文化の発信地である下北沢。その中心にある下北沢駅は、一九二七（昭和二）年の小田原線開業と同時に誕生した。六年後には帝《てい》都《と》電鉄（現・京王井《けいおうい》の頭《かしら》線）も開業し、小田原線をまたぐ高架ホームが設置された。

開業当時の駅周辺は水田地帯だったが、鉄道の開業とともに商業地区と住宅地が発達し、現在は一日の平均乗降客数が一一万二〇〇〇人を数える（二〇二二年度）。

だが、街区が急速に発展したために都市計画が追いつかず、駅前広場もない複雑な町並みが形成されてしまった。戦時中には空襲による延焼を防ぐため建物疎開（撤去）が行われたが、戦後そこに闇市が建ち、一層雑然とした町並みが定着する。やがて小田急線が通勤路線として発展すると、沿線の踏切が「開かずの踏切」として社会問題化した。

東北沢〜世田谷代田間の地下化断面図

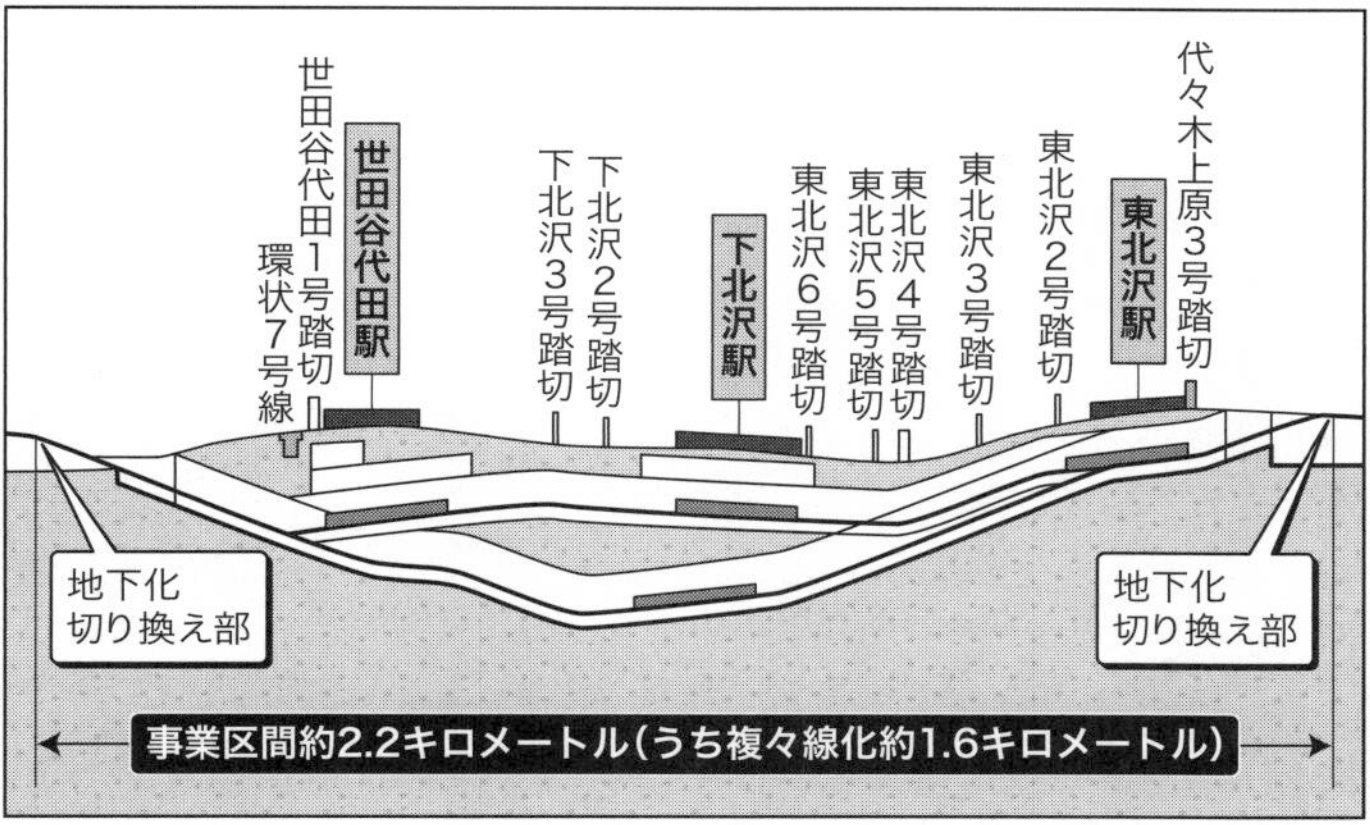
代々木上原3号踏切
東北沢駅
東北沢2号踏切
東北沢3号踏切
東北沢4号踏切
東北沢5号踏切
東北沢6号踏切
下北沢駅
下北沢2号踏切
下北沢3号踏切
世田谷代田駅
世田谷代田1号踏切
環状7号線
地下化切り換え部
地下化切り換え部
事業区間約2.2キロメートル(うち複々線化約1.6キロメートル)

東北沢〜世田谷代田までの三区間は、高架化ではなく地下化が採用された。この工事により、区間内にあった9本の踏切も撤去された。

狭く、複雑で古い建築が多く、踏切に分断された下北沢の町は、利便性も防災上も問題があった。これを解決するために実施されたのが、東北沢・下北沢・世田谷代田の三駅の地下化である。小田急電鉄は、「開かずの踏切」問題の解消と輸送力増強を目的に、代々木上原〜梅ヶ丘間の複々線化及び連続立体交差化事業を一九六〇年代から計画・推進してきたが、下北沢駅周辺の地下化もその一環である。

当初、代々木上原〜梅ヶ丘間は全区間高架化する方針だった。ところが、下北沢周辺は土地が狭く、多くの住民が移転しなくてはならないうえ日照権の問題も多い。これに反発した地域住民が国に対して事業認可の取り消しを求める訴訟を起こし、一審では住民側が勝訴を勝ち取った。最終的には高裁及び最高裁で国側が逆転勝訴となるものの、東京都は二〇〇三（平成一五）年に都市計画を変更。地下化が決定された。

こうして地下化工事が進められた下北沢駅は、まず二〇一三（平成二五）年三月に地下二階の急行線ホームが完成。全列車が地下線経由となり、従来の地上駅はこの時点で廃止された。そして、二〇一八年三月三日、地下一階の緩行線ホームが完成し、各駅停車は地下一階に、準急・急行などの速達列車は地下二階に発着するようになったのである。

もっとも、これにより下北沢駅では、各駅停車と速達列車を乗り換えようとすると（緩急接続）、エスカレーターなどで移動しなくてはならなくなった。複々線化の場合、一つのホームに同じ方向の速達列車と各駅停車が停車したほうが便利だが（方面別複々線）、下北沢は新宿に近く緩急接続の必要性が低かった。また、地下二階ホームは水道管などの埋設物を避けるため地上から最大二五メートルの深さにある。このため、下北沢の前後には急勾配が生じ、下北沢からの駅間が短い世田谷代田駅は安全なホームを設置することが困難だった。

地上の線路跡地は、緑豊かな遊歩道とさまざまな施設を備えた「下北線路街」として整備され、下北沢駅北口にも駅前食品市場の跡地に駅前広場が建設されている。下北沢から開かずの踏切が消え、町並みは大きく変化を遂げつつある。

(写真上)駅前食品市場も姿を消し、広々とした空間になった下北沢駅前広場。2025年にはロータリーが完成しケヤキ並木も整備される。(写真下)東北沢駅下りホームから見た急行線。ここからさらに急勾配で地下二階へ潜っていく。

小田急線高架複々線化の先駆けとなった狛江市内の「開かずの踏切」問題

狛江
こまえ
OH 16

狛江《こまえ》市は、五世紀半ばから六世紀頃の古墳が多い歴史あるまちである。反面、かつては市内一三箇所の踏切のほとんどが、長時間にわたって降りたままとなる「開かずの踏切のまち」ともいわれてきた。

市内の踏切が「開かずの踏切」となった背景には、高度経済成長期に、小田急沿線が急速にベッドタウン化したことがある。人口が増えれば列車の本数が増えるが、踏切は田園風景ばかりだった戦前からのまま。急行も各駅停車も同じ線路を走っていた。通勤時間帯は列車本数が極限まで増えるから、急行が先行する各駅停車に追いついてしまい、速度が落ちる。各駅停車も停車駅が多い分、低速で走る区間が長い。その結果、列車が多いうえに通過に時間がかかり、一九七〇年代の狛江では、朝夕のラッシュ時には一時間に一〇分程度しか踏切が開かないことが常態化していた。

これでは、狛江というまちが線路によって南北に分断されてしまい市民生活が不便である。そこで、一九七二（昭和四七）年、狛江市議会に都道対策特別委員会が設置され、狛

小田原線の高架複々線化事業

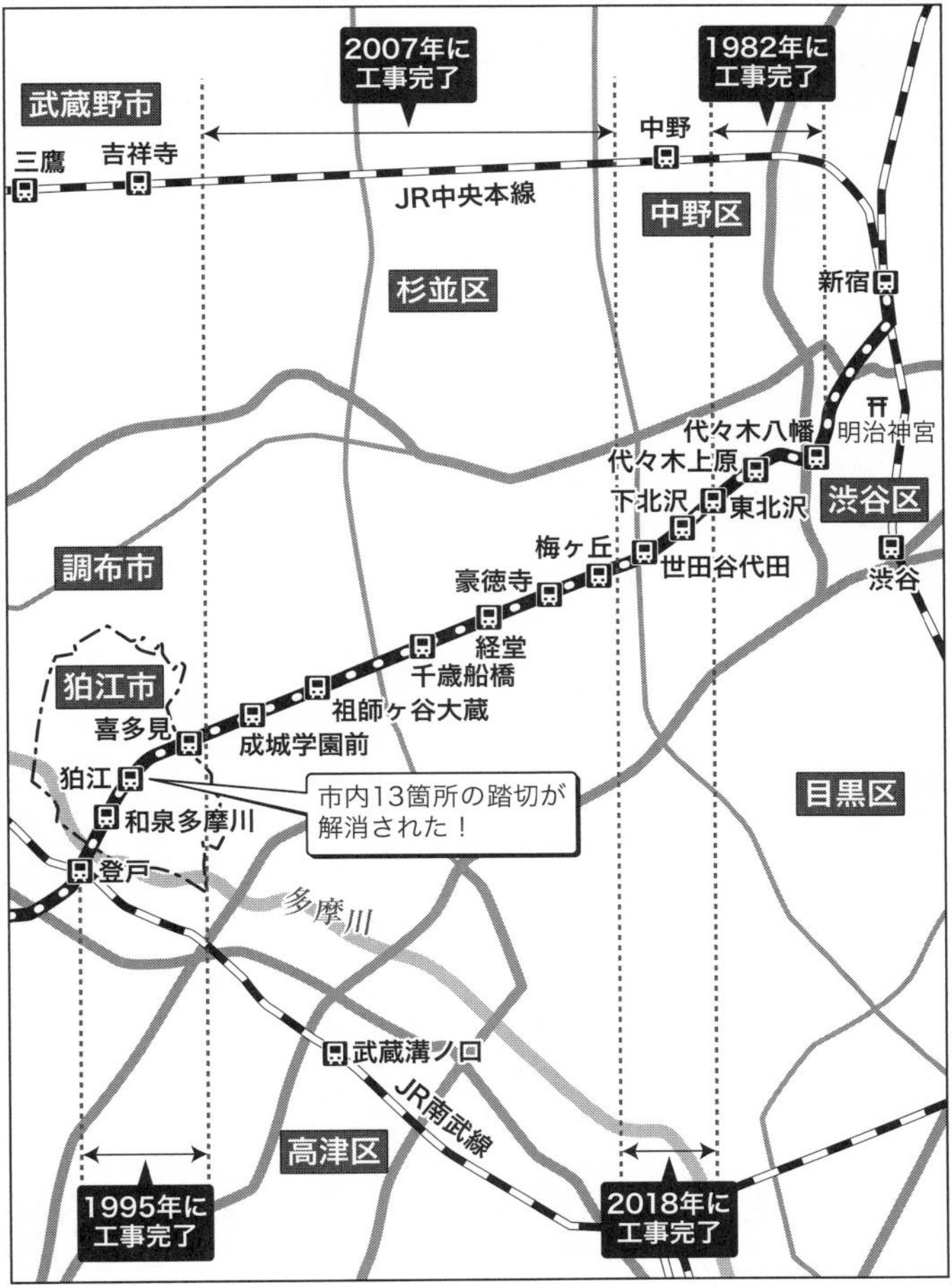
2007年に
工事完了
1982年に
工事完了
武蔵野市
中野
三鷹
吉祥寺
JR中央本線
中野区
杉並区
新宿
明治神宮
代々木八幡
代々木上原
下北沢
東北沢
渋谷区
梅ヶ丘
世田谷代田
調布市
豪徳寺
渋谷
経堂
千歳船橋
狛江市
祖師ヶ谷大蔵
喜多見
成城学園前
狛江
市内13箇所の踏切が
解消された！
目黒区
和泉多摩川
登戸
多摩川
武蔵溝ノ口
JR南武線
高津区
1995年に
工事完了
2018年に
工事完了

1982年小田急線高架複々線工事は、1981年に事業がスタートし、以来、区間を区切りながら工事が進められた。最後に終了したのが、前項の東北沢～世田谷代田間であった。

江駅の橋上駅舎化が検討された。だが、狛江駅を橋上駅舎化してもほとんどの踏切は残る。一九七五（昭和五〇）年、市議会が改選されると「小田急線立体化促進特別委員会」が設置され、市内の小田急線を高架化して踏切を一挙に解消しようという気運が高まった。

一九七八（昭和五三）年から、高架化の必要性を明確化する調査が狛江市によって行われ、並行して建設省（現・国土交通省）や大蔵省（現・財務省）に対して国の補助事業とされるよう陳情が重ねられた。政府の財政再建、行政改革が問題になっていた時代だったが、昭和五六年度大蔵省予算原案で小田急線高架複々線化事業が初めて事業採択された。まだ建設が決まったわけではなかったが、調査に対する国の補助金が初めて認められた。

一九八四（昭和五九）年には小田急電鉄に「複々線事業部」が設置され、狛江付近だけでなく代々木上原～登戸間の複々線化と連続立体交差化の検討が本格化する。

そして、一九八五（昭和六〇）年三月、成城学園前《せいじょうがくえんまえ》～登戸間二・四キロメートルの高架化と複々線化が都市計画決定。翌年六月には事業が採択された。一九八九（平成元）年から始まった工事は、八五四億円の事業費をかけて一九九五（平成七）年に完成。一三箇所の踏切がすべて撤去された。

構想から二〇年かけて「開かずの踏切」解消を実現した成城学園前～登戸間は、この後二〇一八年まで続く代々木上原～登戸間複々線・連続立体交差事業の先駆けとなった。

駅周辺の高級住宅街は学校主導でつくられた！

成城学園前
せいじょうがくえんまえ
OH 14

小田原線成城学園前駅は、幼稚園から大学院までが集まる成城学園の最寄り駅である。世田谷区成城六丁目にあり、駅周辺には成城学園を中心とした高級住宅地が広がっている。鉄道沿線に、学校を中心とする学園都市がある場合、沿線地域の活性化を目的として自治体や鉄道事業者が学校を誘致したケースが多い。阪急電鉄創始者の小林一三《こばやしいちぞう》が、沿線に現在の関西学院《かんせいがくいん》大学を誘致した話は有名である。東急電鉄の前身である東京横浜電鉄も、沿線に学校を誘致し、まちを開発して利用客の増加につなげた。

一方、成城学園は、学校が自ら駅を誘致し、その周囲に住宅地を開発して学校を拡大した珍しいケースである。

成城学園は、一九一七（大正六）年、日本の近代教育に大きな実績を残した澤柳政太郎《さわやなぎまさたろう》が新宿区内に創設した私立小学校、成城小学校をルーツとする学校法人である。一九二二（大正一〇）年には成城小学校の主事だった小原國芳《おばらくによし》が「一貫教育」を実現するために成城第二中学校を開設。関東大震災後、現在地周辺に二万坪の土地を購入し、一九二五（大正一四）年に学校を移転させた。

移転当時の成城は砧村大字喜多見《きぬたきたみ》と呼ばれ、千川《せんかわ》沿いに雑木林や原野が広がり道路もほとんどなかった。なぜそのような不便な場所を移転先としたのか。それには理由があった。一つは、成城学園が幼稚園から高等教育までの「一貫教育」を目指しており、広大な土地が必要だったこと。もう一つは、小原が小田原急行鉄道建設の情報を得ていたことである。実は、成城第二中学校の父兄に計画中の小田原急行鉄道の取締役がいて、小田急建設計画の情報を得られたといわれている。

砧村の広大な土地を取得し、宅地開発して分譲。その利益で学校の建設資金をまかなう。宅地を開発すれば生徒を恒久的に確保できるうえ、鉄道駅も誘致できる。

もっとも、小田原急行鉄道には当初成城に駅を設置する計画はなかった。小原は成城第二中学を移転させると、成城幼稚園と成城高等学校を相次いで創設。区画整理を開始し、学校と住宅地を整備することを条件に小田原急行鉄道から駅開設の約束をとりつけたのである。一九二五（大正一四）年、千歳《ちとせ》・砧・喜多見土地区画整理組合が、翌年には喜多見土地区画整理組合が発足し、約三七万坪の区画整理が開始された。そして一九二七（昭和二）年、小田原急行鉄道の開業と同時に成城学園前駅が誕生する。一九三六（昭和一一）年には東京市世田谷区に編入され、成城学園を中心とした学園都市が発展していった。

第二の学園都市が誕生する

小田急には、成城学園前駅と同じ経緯で、開設された駅がもう一つある。小田原線玉川《たまがわ》学園前駅《がくえんまええ》で、この駅の仕掛け人もまた、小原だった。

小原は成城学園での勤務時代から、学問、道徳、芸術、宗教、身体、生活の六つの方面から教育すべきと考える「全人教育」を唱えていた。そこで自らの理想を実現するために成城学園を退職して新たに玉川学園を設立した。玉川学園の建設資金も、宅地開発による利益をあてこむ計画で、学園都市の開発に乗り出そうとしたのである。

人気もまばらな土地に駅をつくるという小原の計画に小田原急行鉄道は難色を示したが、小原は交渉の末、鉄道側から諸条件を飲むかわりに、駅開業の約束をとりつけた。

それは、駅の敷地と駅舎を学園で準備すること。一カ月に二〇〇円の売上金を学園が保証することだった。もし一カ月の売上が二〇〇円に足りなかったら、学園が不足分を穴埋めしなければならなかった。こうして、玉川学園前駅は小田原線開通から二年後の一九二九（昭和四）年に開業した。これらは学園にとって大きな賭けだった。

結果として、小原による土地経営が、成城と玉川学園という現在の高級住宅街の基盤をつくったのである。

国鉄駅を動かし一大商業地に成長した小田急町田駅周辺の開発史

町田
まちだ
OH 27

JR町田《まちだ》駅周辺は元々「原町田《はらまちだ》」といい、八王子《はちおうじ》から横浜港へ生糸を輸送する神奈川往還の中継地として栄えてきた。戦後は東京都南西部最大の商業都市として発展し、小田急電鉄の町田駅も、新宿駅に次いで小田急電鉄第二位の乗降客数を誇る拠点駅となっている。

町田に初めて鉄道が開通したのは、一九〇八（明治四一）年のことで、原町田の宿場に隣接して横浜鉄道（現・JR横浜線）の「原町田駅」が開設され、駅前が発達した。

小田急のルーツである小田原急行鉄道が開業したのは、一九二七（昭和二）年のことである。計画段階では、もっと東の長津田《ながつだ》寄りを通る構想だったが、鶴川《つるかわ》や町田の有力者が土地を提供するなど熱心に働きかけ、町田経由が実現した。ところが、横浜線原町田駅と接続すれば市街地が分断されると反対する声があがり、原町田駅から北西に五〇〇メートルほど離れた町はずれに「新原町田駅」が設けられた。

人家もまばらで集客は見込めないと思われた新原町田駅だったが、小田急線が開業してみると、意外にも利用客が集中した。小田急線が新宿に直結しており、東京市内（当時）

国鉄移転前後の町田駅前の変化

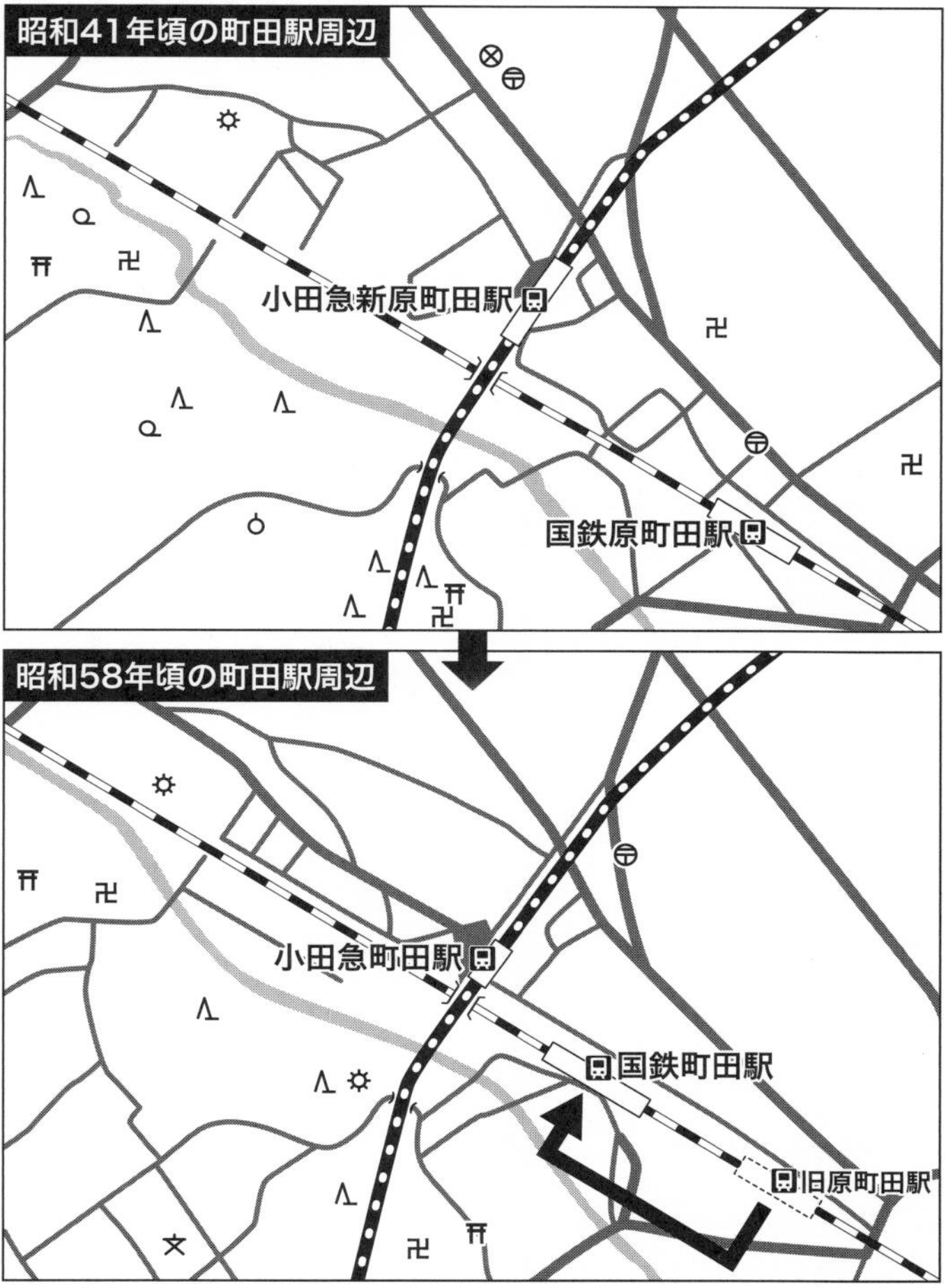
昭和41年頃の町田駅周辺
小田急新原町田駅
国鉄原町田駅
昭和58年頃の町田駅周辺
小田急町田駅
国鉄町田駅
旧原町田駅

小田急線の新原町田駅（現・町田駅）設置以降、駅前周辺が発展したことで、国鉄横浜線の原町田駅（現・JR町田駅）は小田急寄りに200メートルほど移動することとなった。

へ行くのに八王子を経由する必要がなくなったからだ。小田急の開業後、原町田周辺には新興住宅地が次々と整備され、これらの住宅地に向かうバス路線は新原町田駅から発着した。こうして、徐々にまちの中心は原町田駅から新原町田駅周辺に移っていった。

戦後の一九五八（昭和三三）年に町田町、鶴川村、忠生《ただお》村、堺《さかい》村の一町三村が合併して町田市が誕生すると、東京のベッドタウンとして大型団地が続々と造成されて急速に人口が増えていく。市制施行時六万一〇〇〇人だった人口は一九七五（昭和五〇）年には二四万七〇〇〇人まで増え、その頃には小田原線新原町田駅がまちの中心となっていた。

この頃になると、新原町田駅と国鉄原町田駅が五〇〇メートルも離れているのは不便だとする声が高まった。駅前の路地は乗り換える人が急ぐ様子が見られ、「駆け足道路」「マラソン道路」などとも呼ばれた。一九七〇（昭和四五）年の町田市長選では、両駅の統合を公約に掲げた候補が当選し、国鉄原町田駅の移転を柱とする都市計画が決定した。

小田急電鉄新原町田駅は一九七一（昭和四六）年から駅ビルの建設に着手し、竣工直前の一九七六（昭和五一）年四月一一日、駅名を「町田駅」に改めた。国鉄原町田駅は一九八〇（昭和五五）年四月一日に小田急寄りに二〇〇メートル移転して「町田駅」に改称。二つの町田駅はペデストリアンデッキで結ばれ、東急（現・町田東急ツインズ）や大丸（現・町田モディ）、西友など大型店舗が進出して一大商業圏が形成されたのである。

町田に負けるな！ 米軍施設のまちだった相模大野の再開発

相模大野
さがみおおの
OH 28

一九七〇年代、神奈川県相模原《さがみはら》市の南の玄関である小田原線相模大野《さがみおおの》駅前は、週末でも人通りはまばら。一方隣駅の町田駅前は、会社員や若者たちが集まり、夜遅くまで賑わう……。現在の相模原市は、神奈川県下三番目の政令指定都市だが、かつての相模大野駅は、隣の東京都町田市に位置する町田駅に、乗降人数でもまちの賑わいでも大きく差をつけられていた。

これは、相模大野駅周辺と相模原市が、かつて米軍のまちだったことが関係している。相模原市は、戦前に旧陸軍の軍都として都市整備が計画された地域だった。戦後もこの計画が引き継がれて都市計画が進められたが、横浜線相模原駅周辺が対象で小田急電鉄沿線は含まれていなかったため、都市整備が遅れた。終戦まで相模大野駅の北側には相模原陸軍病院があったが、戦後米軍に接収されて米軍相模原医療センターとなった。駅前に存在する広大な「日本人立入禁止区域」はまちの発展の障害となり、ベトナム戦争の時代には、毎日のように負傷兵が軍用ヘリで運び込まれて殺伐とした空気が流れていた。この結果、相模大野の住民は都県境を越えて町田へ買い物やレジャーに出かけてしまうことが多く、相模大野に独自の賑わいを創出することが大きな課題となっていた。

そこで、一九七二（昭和四七）年から相模大野駅周辺のまちづくりが始まる。駅周辺の土地区画整理事業から始まったまちづくりは、一九八一（昭和五六）年に米軍医療センター跡地が返還されると本格化。一九ヘクタールあまりの広大な土地に、相模大野中央公園（一九八九年）、伊勢丹相模大野店・相模大野図書館（一九九〇年）がオープンした。

相模大野駅北口周辺の再開発は、「三核構造」をコンセプトに進められた。これは駅周辺を「商業・交通の核」、米軍医療センター跡地を「商業・文化の核」、駅西側の再開発地域を「魅力づくりの核」と位置づけるもの。だが、「魅力づくりの核」の整備は難航した。当初ＪＲＡ（日本中央競馬会）の場外馬券場が計画されたが、住民の反対により中止。その後百貨店の高島屋が出店を決めるが、これも景気低迷により白紙撤回された。結局、駅西側再開発は野村不動産が手がけることになり、二〇一三（平成二五）年、商業施設と高層住宅が一体となった複合施設「ｂｏｎｏ（ボーノ）相模大野」が完成した。

こうして再開発が一段落した相模大野だが、公園や図書館、ホールなどの文教施設が定着する一方、商業施設は二〇一九（令和元）年に伊勢丹が閉店。ｂｏｎｏ相模大野も撤退する店舗が相次ぐなど苦戦している。町田に近すぎることが徒となった形だ。

町田駅と相模大野駅の比較

2022年現在

		町田駅	相模大野駅
所在地		東京都町田市	神奈川県相模原市
1日平均乗降人数		24万6459人	11万249人
接続路線		小田急小田原線 JR横浜線	小田急小田原線 小田急江ノ島線
家賃相場	1R	8万円	7万8000円
	2LDK	14万1000円	13万2000円
まちの傾向		古くからの商店街や大型商業施設が多い	米軍施設跡が文教施設に整備され緑が多い

西側地区再開発事業の要となった「bono相模大野」。建物の下部は商業施設が入り、上部が居住スペースとなっている大型の複合施設である。

悲願の特急ロマンスカー停車 実現の背景に見え隠れするライバルの存在

海老名
えびな
OH 32

二〇一六（平成二八）年三月二六日。北海道新幹線新青森《しんあおもり》～新函館北斗《しんはこだてほくと》駅が開業した日、小田急電鉄でも歴史的なダイヤ改正が行われた。それが、小田原線海老名《えびな》駅への特急ロマンスカーの停車である。

海老名駅は、相模鉄道やＪＲ相模線に接続する主要駅の一つだが、長年特急ロマンスカーの停車は見送られてきた。この地域は、町田・相模大野・本厚木《ほんあつぎ》と比較的短い区間に特急の停車駅が並んでおり、停車駅を増やしすぎては特急の「速達性」に問題が生じるためである。

海老名駅へ特急ロマンスカーの停車を求める声は、一九八〇年代からあった。一九八一（昭和五六）年、神奈川県の鉄道輸送力増進会議の場で海老名市が「停車要望」を行ったし、一九九九（平成一一）年には、市長名で小田急電鉄に要望書を提出している。

二〇〇九（平成二一）年五月には、市内二七の団体が参加する「海老名発ロマンスカー実現市民会議」が発足。目標の二〇万人を上まわる二三万人あまりの署名を集め、翌年三

小田原線特急ロマンスカーの停車駅

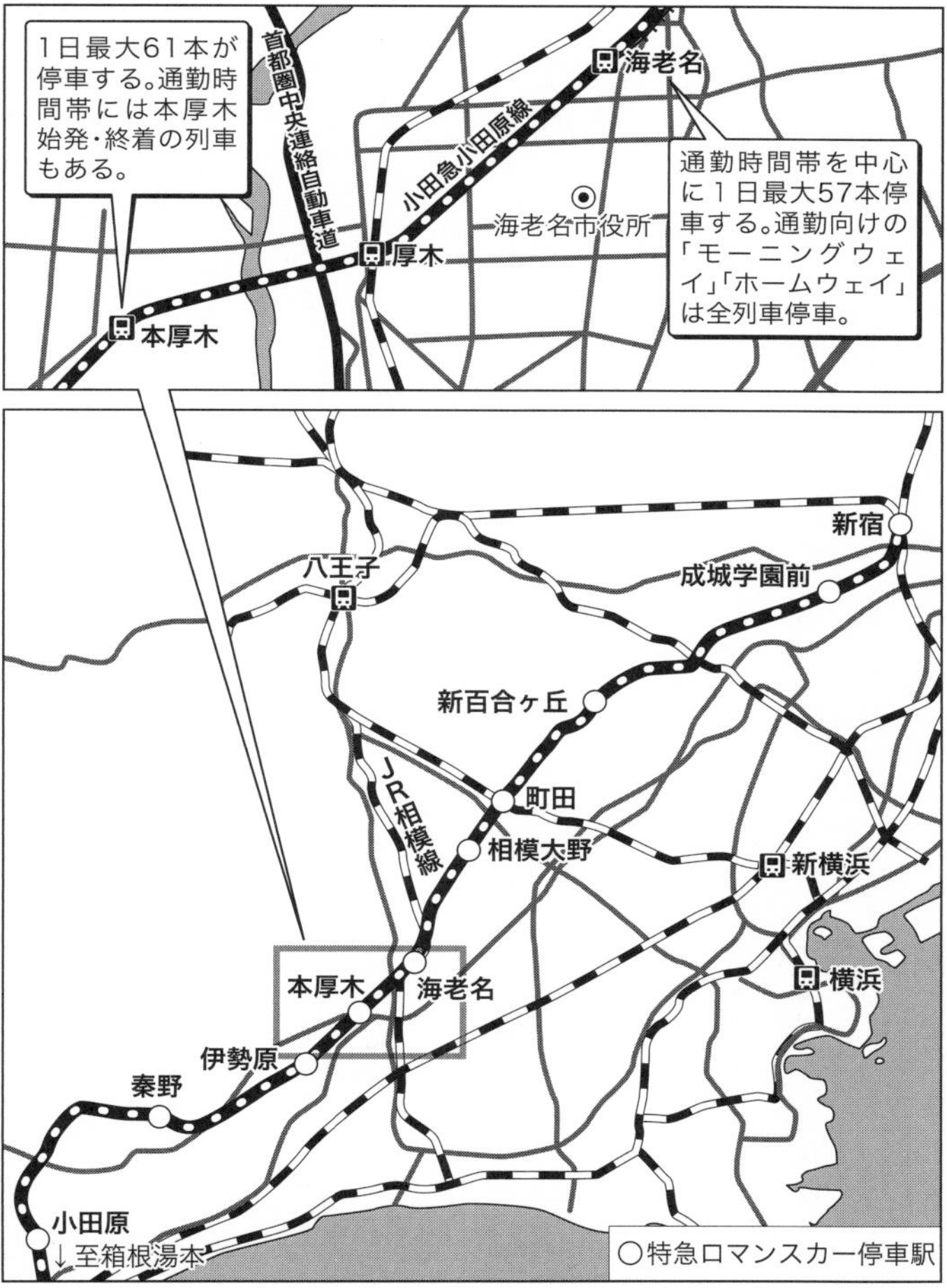
1日最大61本が停車する。通勤時間帯には本厚木始発・終着の列車もある。
首都圏中央連絡自動車道
小田急小田原線
海老名
厚木
本厚木
海老名市役所
通勤時間帯を中心に1日最大57本停車する。通勤向けの「モーニングウェイ」「ホームウェイ」は全列車停車。
新宿
成城学園前
八王子
新百合ヶ丘
JR相模線
町田
相模大野
新横浜
横浜
本厚木
海老名
伊勢原
秦野
小田原
↓至箱根湯本
○特急ロマンスカー停車駅

2016(平成28)年3月改正では海老名と同時に伊勢原にも特急が停車。現在日中時間帯は「本厚木停車」と「海老名・伊勢原停車」の列車が交互に運行される。新松田と向ヶ丘遊園は2018(平成30)年に特急停車が取りやめとなった。

月に小田急電鉄に提出した。しかし、この時点では小田急電鉄の態度は変わらなかった。

状況が変わるのは、二〇一五（平成二七）年のことである。四月、小田急電鉄は「長期ビジョン２０２０」および「グループ中期経営計画」において、海老名駅を周辺地域からの誘引力がある「沿線中核駅」に位置づけたのである。小田急グループは二〇〇〇年代以降海老名駅周辺の開発・改良を進めてきた。大型商業施設の「ビナウォーク」（二〇〇二年開業）や商業施設と住宅が融合した複合施設「ビナフロント」（二〇一四年開業）をはじめ、多数の賃貸・分譲マンションを供給し、海老名のまちづくりに関わってきたのである。

また、海老名市と小田急電鉄、そして相模鉄道による駅周辺の整備も進められた。二〇一〇（平成二二）年、小田急線海老名駅の東西を結ぶ自由通路の拡張とバリアフリー化が完成。二〇一五（平成二七）年にはこの自由通路を延伸する形で、二〇〇メートル離れたＪＲ相模《さがみ》線海老名駅への通路が完成した。

こうした取り組みもあって、海老名市の人口は一九八〇年度の七万七五〇〇人から二〇一四年度には一二万九〇〇〇人と大幅に増加。海老名駅の乗降人数も、一日平均一四万人前後と、小田原線では本厚木駅に次ぐ七位につけた。こうして海老名駅は小田急電鉄にとって「沿線中核駅」に昇格し、二〇一五（平成二七）年八月、ついに二〇一六年三月改正から特急ロマンスカーの海老名駅停車が発表された。

相鉄・東急新横浜線への対策も理由の一つ

海老名駅への特急ロマンスカー停車実現には、もう一つ理由がある。それが、相鉄・東急直通線、現在の相鉄新横浜線／東急新横浜線の開業である。二〇二三（令和五）年三月に開業した同路線は、相模鉄道本線西谷駅から羽沢横浜国大駅《はざわよこはまこくだい》、新横浜駅を経て日吉駅《ひよし》から東急東横線・目黒線に直結する。従来、海老名から都心へ向かうには小田急線一択だったが、相鉄・東急直通線が開業すると渋谷や目黒、麻布などへは相鉄のほうが速くて便利というケースが出現したのである。しかも、相鉄線は海老名が起点だから通勤時間帯でも少し待てば座って乗車できる。このままでは、海老名の人口が増加しても、それ以上に通勤・通学客が相鉄線に流れてしまうかもしれない。

そこで、小田急は先手を打つ形で特急ロマンスカーを海老名に停車させ、「快適な車両に座って都心へ直通できる小田急電鉄」をアピールしたのである。

さらに二〇二一（令和三）年には、海老名駅に隣接する車両検査場の敷地に「ロマンスカーミュージアム」をオープン（次ページ参照）。「海老名といえば小田急」のイメージ作りに成功した。海老名市民が熱望した特急ロマンスカーの停車は、長年のまち作りと、鉄道事業者間の顧客獲得競争によって実現したのである。

海老名の新しい顔となった「ロマンスカーミュージアム」

海老名
えびな
OH 32

二〇二一（令和三）年四月一九日、海老名駅西側に、小田急電鉄としては初となるミュージアム施設、「ロマンスカーミュージアム」がオープンした。電車の検査を行う海老名検車区に隣接した遊休地に建設された施設で、一階ヒストリーシアターに小田原急行鉄道開業時に活躍したモハ一形を、そしてロマンスカーギャラリーに三〇〇〇形ＳＥ車から二〇〇〇〇形ＲＳＥ車までの歴代ロマンスカー五形式を保存・展示している。

　数々のロマンスカー車両を送り出してきた小田急電鉄だが、歴代車両を保存・展示する施設は長い間存在しなかった。それでも、二〇一七（平成二九）年の時点では、喜多見車両基地などにロマンスカー四形式一七両と、一般車両四形式五両の計二二両もの車両を保存しており、イベント時などに公開されていた。

　ところが、二〇一七年七月、翌年三月に予定されていた複々線化完成に伴う増発のため、車両基地の収容スペースが不足することから、ロマンスカー車両六両と一般車両一両が解体されてしまう。あるいは、ほとんどの車両を解体されてしまうのではないか……。小田

5形式10両のロマンスカー車両を保存・展示するロマンスカーミュージアムのロマンスカーギャラリー。隣接するヒストリーシアターでは小田急電鉄の歴史を映像で見られる。

急ファンの間に、そんな懸念が広がった。

代々木上原〜登戸間の複々線化が完成した一カ月後の二〇一八（平成三〇）年四月二七日、小田急電鉄は「ロマンスカーミュージアム」の建設を発表した。二〇一一年頃から検討してきた常設保存施設が、ようやく実現することになったのである。保存車両はその後さらに二両が解体されたが、二〇一八年に引退した七〇〇〇形LSE車を加え、現在は一一両が「ロマンスカーミュージアム」に、一般形車両三両が車両基地に保存されている。

開館から数年を経て、すっかり海老名のまちに定着したロマンスカーミュージアム。今後引退する車両の追加展示の可能性もあるといわれる。

戦後の小田急を助けた相模大野の立体交差

相模大野
さがみおおの
OH 28

江ノ島線が分岐する駅が、相模大野駅である。一九二九（昭和四）年、江ノ島線が開業した当時の相模大野は、雑木林と桑畑が広がるばかりの土地だった。そのため駅は新設されず、分岐点付近に「大野信号所」が設けられた。

小田原線と江ノ島線の分岐は、上りが当初から立体交差で建設された。小田急線のような複線の場合、高架に上がらない平面交差とすると、上下線の線路が交差する箇所が発生する。相模大野の場合、藤沢方面からの上り江ノ島線と、小田原方面への下り小田原線が交差する。双方の電車が同時に通過できず、列車増発のボトルネックとなってしまう。一方、立体交差は平面交差よりも広い用地が必要で、建設費も嵩む。

開業当時、大野信号所を通過する列車は一時間に一～二本に過ぎず、平面交差でも十分だった。それを当初から立体交差で建設したのは、小田急に先見の明があったからである。

大野信号所が駅に昇格したのは一九三八（昭和一三）年で、陸軍通信学校の開校に合わせて「通信学校駅」として開業した。やがて相模原は軍都となり、駅周辺には多数の軍事

相模大野駅ホームから見た旧大野信号所跡。現在は、分岐点となっており、線路が複雑に入り組んでいるのが見える。

施設がつくられた。戦時色が強まってくると、軍事施設の秘匿のため、一九四〇（昭和一五）年一二月に相模大野駅と改称された。

戦後の相模大野は、米軍施設のまちとなる一方、住宅開発が進められ、利用客が激増する。この時、江ノ島線の分岐が立体交差であることが小田急を助けた。線路施設に大規模な改良工事を実施しなくても、一時間あたり八〜一〇本という大幅な列車増発が可能だったからである。終戦直後には誰もが予想しなかった高度経済成長期、小田急電鉄は電車の性能向上と高速化、そしてロマンスカーに代表されるサービス向上にリソースを振り向け、ライバル路線に対して優位に立つことができた。

立地のハンデを電車の性能でカバー 住宅開発にかけた小田急の企業努力

小田急相模原
おだきゅうさがみはら
OH 29

日本が高度経済成長の入口に立った昭和三〇年代初頭。小田急電鉄の沿線にも、日本住宅公団（現・都市再生機構）などによる大型団地が建設され始めた。経堂《きょうどう》駅周辺から始まった団地開発は、まもなく多摩川より先の郊外に広がっていく。沿線自治体でも、首都圏の拡大とともに新興住宅地の整備・建設に力を入れるようになった。

一九五三（昭和二八）年頃、当時の相模原町が相模大野駅、東林間《ひがしりんかん》駅、小田急相模原《おだきゅうさがみはら》駅周辺の開発整備に乗り出した。小田急はこれに呼応して相模大野駅、小田急相模原駅周辺に二万五〇〇〇坪の土地を購入して、住宅開発を本格化させた。

小田急電鉄にとって、相模原は因縁の地である。創業まもない昭和初期、現在の相模原市南部に位置する江ノ島線東林間駅と、大和《やまと》市北部に位置する中央林間《ちゅうおうりんかん》駅・南林間《みなみりんかん》駅の周辺に、先進的な区画整理と緑豊かな住宅地を建設する「林間都市《りんかんとし》計画」があったが戦争などにより頓挫していたからである。

小田急相模原駅は、新宿から三四・七キロメートルの位置にあり、都内通勤者のベッド

小田急電鉄が宅地開発を行い大きく発展した小田急相模原駅。現在は「おださがプラザ」「おださが北口公園」など「おださが」の愛称が広く浸透し、正式名称を聞いてもピンと来ない人もいるとか。

タウンとしては、やや距離があった。京王《けいおう》帝都《ていと》電鉄（現・京王電鉄）は、当時聖蹟桜《せいせきさくら》ヶ丘《がおか》駅周辺に桜ヶ丘団地を造成していて、聖蹟桜ヶ丘は新宿から二六・三キロメートルと八キロも差があった。しかし、当時の京王が路面電車をルーツとするため直流六〇〇ボルトという低出力だったのに対し、小田急は国鉄と同じ直流一五〇〇ボルトを開業当初から採用していた。一九五四（昭和二九）年に登場した二二〇〇形では当時の最新技術だったカルダン駆動方式を取り入れ、高速で安定した走行を実現して新宿〜相模大野間を三〇分台で結んだ。通勤時間帯を中心に新宿〜相模大野間の増発も行い、立地のハンデをカバーしたのである。

多摩丘陵に位置する百合《ゆり》ヶ丘《がおか》も、小田急

が開発した住宅地である。西生田《にしいくた》（現・読売《よみうり》ランド前《まえ》）～柿生《かきお》間の高石《たかいし》地区に新駅を誘致しようという声は、終戦後まもない一九四九（昭和二四）年頃からあった。当時の高石は民家もまばらな谷で、当初小田急は新駅設置に消極的だった。やがて郊外の住宅建設ラッシュが始まると、小田急電鉄が住宅地を開発・分譲するという条件で新駅設置が進められることになった。一九五四（昭和二九）年から小田急への土地譲渡が始まり、高石には相模原と同様、小田急による住宅地が開発されると思われた。

ところが、一九五六（昭和三一）年制定の「首都圏整備法」で周辺地域が緑地帯に指定され、民間企業による住宅開発が難しくなってしまう。そこで、地主らは当時の日本住宅公団に陳情、約一四万坪の土地が公団に譲渡されて、団地が造成されることになった。

新しい住宅地の名称は、一〇〇人近い地主が協力して実現した「百合う丘《ひゃくあ》」の意味を込めて「百合ヶ丘」と命名。一九六〇（昭和三五）年三月に小田急電鉄百合ヶ丘駅が開業し、同年九月に公団「百合ヶ丘団地」（一七五二戸）への入居が始まった。土地を提供した地主には駅前の商業地が優先的に分譲され、駅前に登戸～町田間で初のスーパーマーケットとなる「ゆりが丘ストア」（現・ゆりストア百合丘本店）がオープンした。

一九六〇年公開の映画「喜劇 駅前団地」は百合ヶ丘団地が舞台の一つで、当時の百合ヶ丘と小田急線の様子を見られる。配信サービスなどで視聴可能だ。

中央林間が相撲の町になっていたかもしれない!?

中央林間
ちゅうおうりんかん
OE 02

日本の国技、相撲のまちといえば、国技館のある両国《りょうごく》である。

だが、歴史が少し変わっていれば、神奈川県大和市の中央林間が「相撲のまち」と呼ばれていたかもしれない。一九三一（昭和六）年、大日本相撲協会（現・日本相撲協会）が中央林間に力士の養成所、通称「相撲学校」を開設したからである。

当時小田急は、カラマツなどの雑木林だったこの地に、総合住宅地「林間都市」を整備する構想をもっていた（六九ページも参照）。中央林間と南林間に高級住宅地を造成、東林間には工場を誘致し、さらに小田原線座間《ざま》駅周辺にも遊園地をつくる計画だった。働く場所からレジャーの場所まで沿線に集約し、人々の生活環境を向上させるとともに、小田急線の利用者増につなげようというものであった。相撲学校も、この「林間都市構想」の一環として、小田急が働きかけて実現した。

相撲学校は、大正末期に設置がうたわれた相撲専修学校の準備施設として開設された。元関脇綾川《あやがわ》の千賀ノ浦《ちがのうら》親方を所長格として、訓練生五〇人あまりが入所した。同年六月七・八日には三〇〇名もの力士を集めて盛大な土俵開きが行われ、大関・大ノ里《おおのさと》、関脇・天龍《てんりゅう》をはじめ、夏場所で優勝した小結・武蔵山《むさしやま》など人気力士が参加して、盛況だったという。

当時の大相撲は年四場所で、五月に東京で夏場所が行われると次は一〇月の大阪場所だった。土俵開きから大阪場所までの四カ月間に、五回の相撲大会が相撲学校主催で行われた。大会の開催日には、小田急も臨時電車を運行したり、割引運賃を設定したりと乗客サービスに努めた。

当時は、現在のような大規模な地方巡業は行われておらず、またテレビどころかラジオも貴重だった時代。人気力士の取組を間近で見られると、相撲大会は神奈川周辺の人々に大評判となった。協会は、「相撲専修学校」の設置を寄附行為（法人が設立内容と目的を記した規則）に明記していたから、このまま順調に進めば、中央林間は両国と並ぶ「相撲のまち」として発展していたであろう。

ところが、一九三二（昭和七）年、角界を揺るがす春秋園《しゅんじゅうえん》事件が発生する。大関・大ノ里をはじめ出羽海《でわのうみ》部屋を中心とした力士三二名が、協会の改革と待遇の改善を求めて大井町《おおいまち》の料亭「春秋園」に立てこもるストライキを起こしたのである。

現在の力士は、関取となれば十両でも年間一七〇〇万円もの給与が支給されるが、当時は幕内上位でも現在の貨幣価値で２００万円前後と、後援会の支援がなければ生活が難しい世界だった。加えて大日本相撲協会は収支報告を公表しないなど、不明瞭な運営が行われていた。力士たちの要求は待遇改善だけに留まらず、観客席の利権を握る相撲茶屋の撤廃や共済制度の導入、入場料の値下げなど多岐にわたった。しかし、これらの要求はほとんど受け入れられず、ストライキを行った力士らは協会を脱退して「新興力士団」と「革新力士団」を結成。後に合同して「大日本相撲連盟」を結成した。新しい連盟による興行は人々の同情も集めて一時人気を博し、協会は大きな打撃を受けた。

だが、その後は玉錦《たまにしき》・双葉山《ふたばやま》という大横綱の台頭もあって連盟は徐々に人気を落とし、「関西角力協会《かんさいすもうきょうかい》」と名称を変えたのち、一九三七（昭和一二）年に解散した。

春秋園事件の中心となった関脇・天龍。色白で端正な容姿から女性人気が高かった。戦後は銀座で今も人気の餃子店「天龍」を開いたほか、民放の大相撲番組の解説者としても人気を集めた。

この脱退騒動によって、協会は相撲学校を運営する余裕がなくなり、相撲学校は自然消滅してしまった。「林間都市」自体も昭和恐慌や戦時体制により頓挫し、中央林間の本格的な発展は戦後の高度経済成長期を待つことになる。

駅の誘致合戦で町が分裂！小田急が下した大岡裁き

生田
いくた
OH 20

大正時代、第一次世界大戦による好景気に沸いた日本では、全国に鉄道建設ブームが起きた。鉄道は、地域に近代化をもたらすインフラであり、駅が設置されるかどうかは、その地域にとって死活問題だった。

小田原線開業に際しての用地買収が本格化した一九二五（大正一四）年頃のことである。電気も通らない寒村だった生田《いくた》村に、東京に直結する鉄道の駅が設置されるという話は、村民にとって大ニュースだった。地域の代表者が小田急と交渉にあたり、駅は村役場のある東生田《ひがしいくた》（五反田《ごたんだ》集落）に設置する方向で話が進んだ。

ところが、それを知った村の西地区、大作《おおさく》集落周辺の有力者らが反対の声をあげ、西生田に駅を誘致しようと活動を始めた。当時の生田は、多摩川の支流である五反田川沿いの狭い谷に、民家と田畑が点在する谷間の農村だった。東の五反田集落に村役場や学校があったが、西の大作集落は広範囲に民家が点在し、高石集落（現在の百合ヶ丘）にも民家があった。村会の大勢も西生田案を支持し、西生田への設置が本決まりとなった。

この決定に納得できないのは東生田の住民たちだった。西生田反対の集会を開いたり、ビラをまいたりといった反対運動を展開し、ついには「東生田に駅が設置されないなら、線路用地の買収にも応じない」と態度を硬化させた。

村を二分する騒動に、小田急電鉄も対応に苦慮したが、最終的に住民たちの要望をすべて聞き入れ、東生田と西生田の二箇所に駅を設置することを決断した。当時の生田村程度の集落に駅を二つ設置するというのは異例のことだったが、ようやく騒動は収まった。

駅名は、地域の字をとって東地区を「五反田」、西地区を「大作」とする案もあったが、結局はシンプルに「東生田」「西生田」と決まった。こうして一九二七（昭和二）年四月一日、小田原線の開業と同時に二つの駅は開業した。

当時の小田急には各駅停車と急行運転の「直通」があったが、「直通」は東生田と西生田の両方に停車した。一九二九（昭和四）年開業の江ノ島線に乗り入れる「直通」は西生田を通過となったことから、当時の状況がうかがえる。東生田が「生田」に、西生田が「読売ランド前」に改称されたのは、一九六四（昭和三九）年三月一日のことである。

生田駅北口を降りて駅前通りを左へ進むと、スーパーの搬入口の奥に、東生田駅の開駅記念碑がひっそりと立っている。

小田原は「小田救」線によってよみがえった！

小田原
おだわら
OH 47

神奈川県の西部に位置する小田原市は、戦国期に北条早雲《ほうじょうそううん》が小田原城を奪取して以来、関東を代表する城下町として栄えてきた。

江戸時代に入り東海道が整備されると、小田原は一層繁栄した。小田原の西には「天下の険」と歌われた箱根山《はこねやま》がそびえ、東海道を下ってきた旅人は峠越えを前に身支度を調える場として、京都・大坂から上ってきた旅人は、峠越えで疲れた身体を休める場所として、宿場がおおいに賑わった。

ところが、一八八九（明治二二）年に東海道本線国府津《こうづ》～静岡間が開業すると、状況が一変する。鉄道は国府津駅から北上して箱根山を迂回し、現在の御殿場《ごてんば》線を通って沼津《ぬまづ》に抜けた。小田原は東海道本線のルートから外れてしまったのである（左図参照）。

一八八八（明治二一）年、国府津～小田原～湯本《ゆもと》（現在の箱根湯本《はこねゆもと》）間に馬車鉄道が開業。一九〇〇（明治三三）年には全線電化されて路面電車となったが、大動脈である東海道本線のルートから外れた小田原は次第に寂れていった。一九二〇（大正九）年には、省

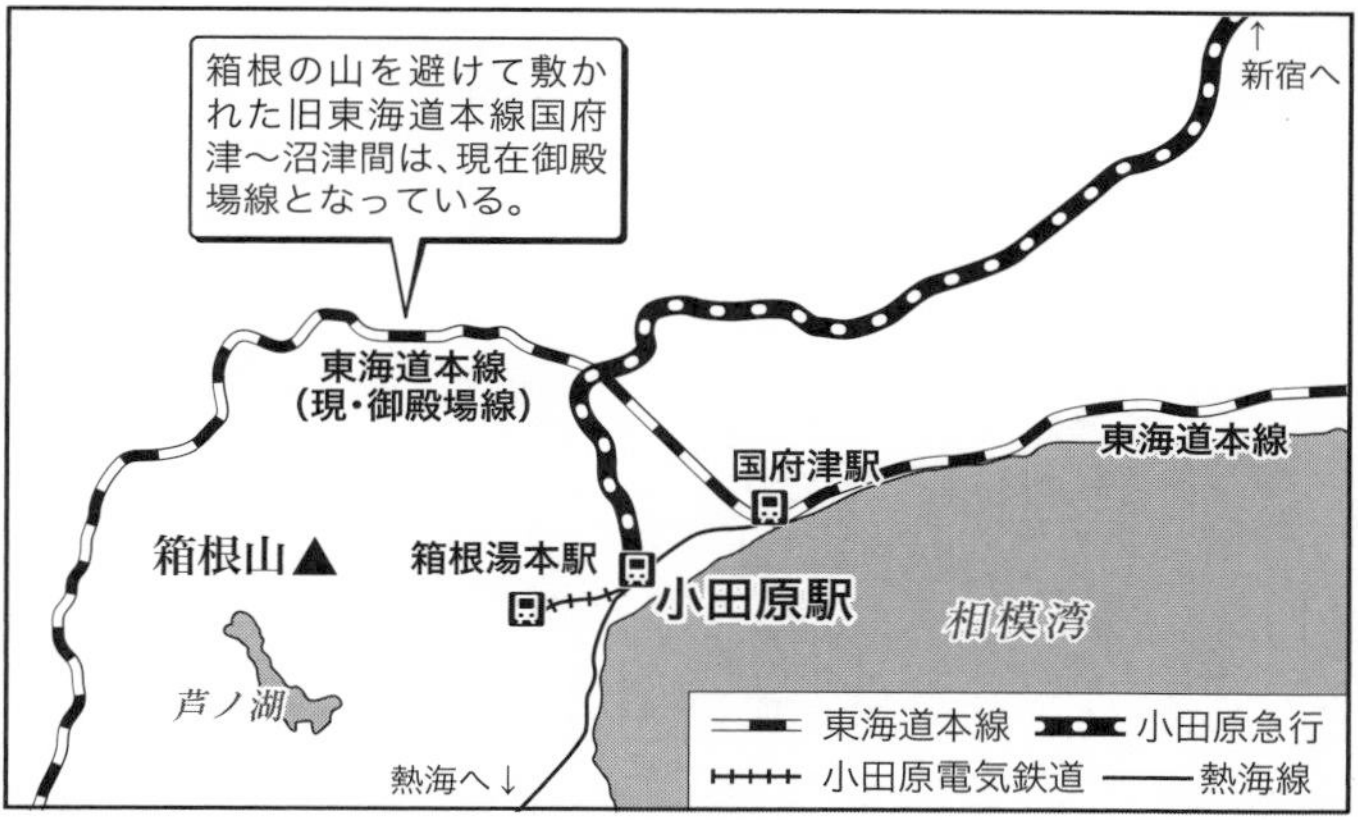

箱根の山を避けて敷かれた旧東海道本線国府津〜沼津間は、現在御殿場線となっている。
↑新宿へ
東海道本線（現・御殿場線）
国府津駅
東海道本線
箱根山▲
箱根湯本駅
小田原駅
相模湾
芦ノ湖
熱海へ↓
東海道本線
小田原急行
小田原電気鉄道
熱海線

1934（昭和9）年に丹那トンネルが開通するまで、東海道本線は国府津から箱根を北に迂回し小田原を経由しなかった。そこに救世主となって現れたのが新宿から直通してくる小田急線だった。

線（国鉄）熱海《あたみ》線国府津〜小田原間（現在の東海道本線）が開業したが、小田原の町勢は戻らなかった。行き止まりのローカル線だったうえに東京駅からの直通列車が少なく、小田原へ人を集める効果がなかったのである。

窮地に陥った小田原を救ったのが、小田急だった。

一九二七（昭和二）年四月一日に開業した小田原急行鉄道小田原線は、新宿〜小田原間を二時間二三分で結び、四五分間隔・一日二四往復の電車を運行した。小田原の人にとって、東京市内へ直通する電車が四五分ごとに発車するというのは大変な変革だった。さらに同年一〇月一五日には全線複線化が完成し、早くも大幅なスピードアップを実現。一時間間隔で運行される「急行」が新設され、新宿〜小田原間を一時間四五分で結んだ。

小田急の開業以前、省線の東京〜小田原間直通列車は一日一〇本程度で二時間三〇〜五〇分程度を要していたから、小田急の開業がいかに革新的だったかがわかる。

「小田原急行鉄道」という名称から知名度も高まり、小田原は東京に直結した便利な都市に生まれ変わった。

当時、小田原〜箱根湯本間には小田原電気鉄道（現・箱根登山鉄道《はこねとざんてつどう》）が路面電車を走らせており、箱根湯本〜強羅《ごうら》間の山岳鉄道と強羅〜早雲山《そううんざん》間のケーブルカーもすでに開業していた。また、箱根一帯には近代道路交通のパイオニアといわれる富士屋《ふじや》自動車がバス路線網を営業しており、小田急はこの二社と乗客の乗り継ぎの便宜を図る連帯運輸契約を締結した。

こうして、小田原は小田原急行電鉄を中軸とする箱根・伊豆観光の拠点都市となり、息を吹き返したのである。当時地元では、小田急を「小田救」と呼んで歓迎した。

第二章

一度は訪れてほしい沿線の名物・名所案内

あのヒーローに会える町「ウルトラマン商店街」ってなんだ？

祖師ヶ谷大蔵
そしがやおおくら
OH 13

祖《そ》師《し》ヶ《が》谷《や》大蔵《おおくら》駅は、特撮ファンならずとも心が浮き立つ駅である。電車を降りると、ホームではウルトラマンとバルタン星人のイラストが目に入る。駅構内の柱にもウルトラマンが描かれ、駅前に出れば出迎えてくれるのが、ポーズを決めたウルトラマン像だ。さらに、駅前の表示板にもウルトラマン、はためくフラッグにもウルトラマンと、どこを見てもウルトラマン一色なのである。

駅近くには、その名もズバリ、「ウルトラマン商店街」が広がる。入り口となるウルトラマンゲートは三箇所設けられており、歴代のウルトラマンが飾られている。祖師谷ふれあいセンター前のゲートには「ゾフィー」が、駅の北一キロほどの場所にある祖師谷通り塚戸《つかど》十字路《じゅうじろ》には「初代ウルトラマン」が、駅南の祖師谷通り耕雲寺《こううんじ》近くには「帰ってきたウルトラマン（ジャック）」がそれぞれいる。

祖師谷大蔵は、ウルトラマン発祥の地とされる。ウルトラマンを制作していた円谷《つぶらや》プロの本社の住所が砧七丁目（当時）で、社長である円谷《つぶらや》英二《えいじ》氏の自宅が、ウルトラマン商店

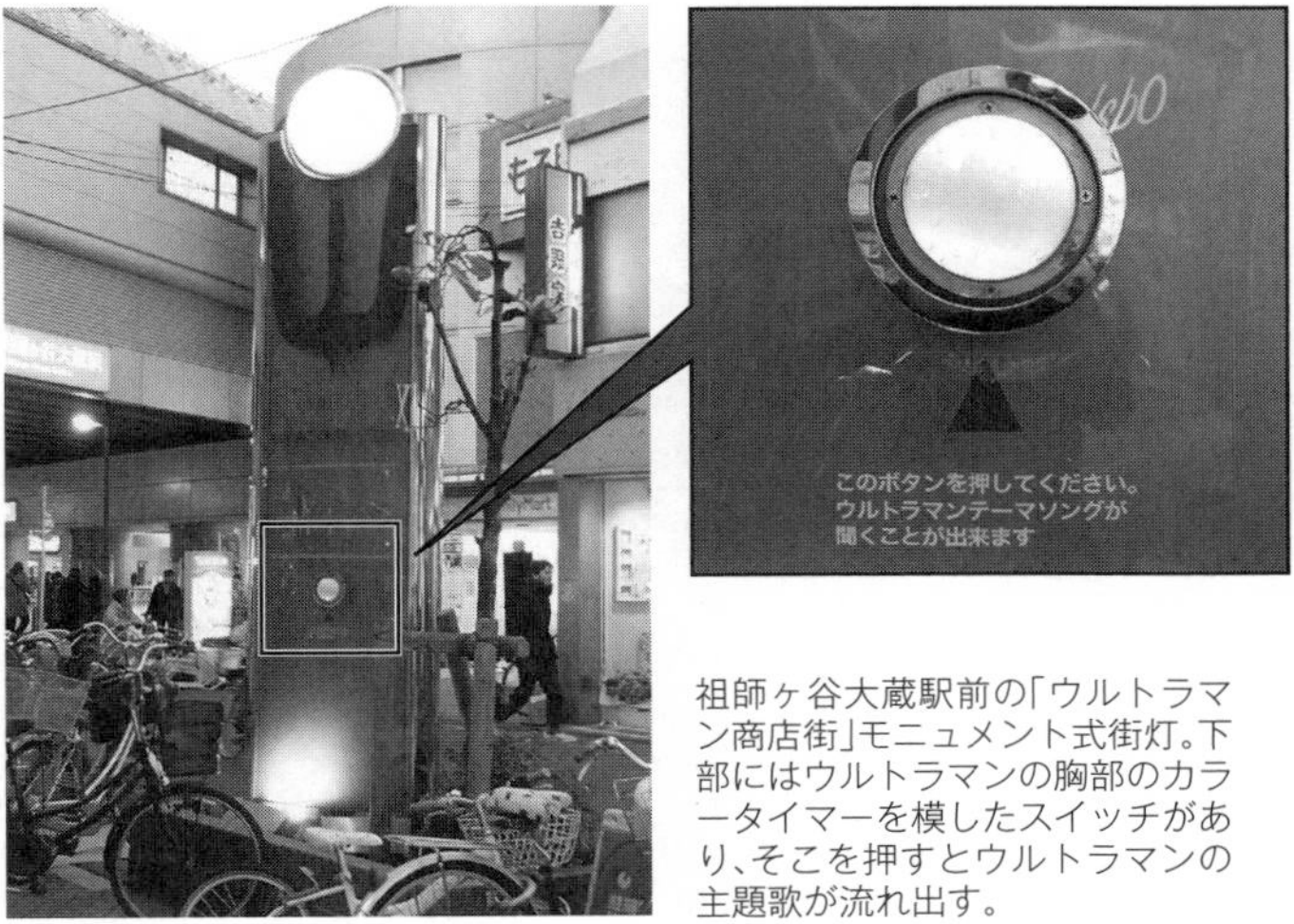
このボタンを押してください。
ウルトラマンテーマソングが
聞くことが出来ます

祖師ヶ谷大蔵駅前の「ウルトラマン商店街」モニュメント式街灯。下部にはウルトラマンの胸部のカラータイマーを模したスイッチがあり、そこを押すとウルトラマンの主題歌が流れ出す。

街内にあたる祖師谷三丁目にあったからである。

ウルトラマン商店街が誕生したのは、二〇〇五（平成一七）年。世田谷区の職員が、この一帯をアピールするべく、祖師ヶ谷大蔵駅周辺の三つの商店街と協力して、発案したのがはじまりである。

世田谷区と、「祖師谷みなみ商店街」「祖師谷商店街」「祖師谷昇進会《しょうしんかい》」の三つの商店街が協力して、この地域全体をウルトラマン一色に染めたまちづくりを行なってきた。

円谷プロは町の活性化につながればと商店街のとり組みに全面的に協力しており、販権を無償で提供している。その善意のおかげで、町の至るところでウルトラマンのキャラクターを目にすることができるというわけである。

ウルトラマン商店街では、ここでしか買うことができないウルトラマングッズを販売している。

たとえば、ウルトラマン印鑑ケース、ウルトラマンまんじゅう、ウルトラマンTシャツ、ウルトラマン芋焼酎などなど……どれもが個性的なものばかり。子どもだけでなく、大人も昔を思い出してワクワクしてしまう。

ここで、町の探索ポイントを一つ紹介したい。

商店街を歩く際、店だけでなく街灯にも注目すること。ウルトラマンの形をした街灯や、ウルトラマンの歌が流れる街灯、バルタン星人型の照明灯など、ウルトラマンワールドが広がっている（左図内写真参照）。

これらの街灯には、制限時間内に回るためのカラータイマー型ギャラリー機能もついていて、ちょっとしたオリエンテーリングの気分を味わえる。そのほか年に数回、ウルトラヒーロー握手会が催されたり、ウルトラサマーセール、サマーフェスタなどイベントも多彩だ。一度は下車したい駅である。

各商店街の街灯の特徴

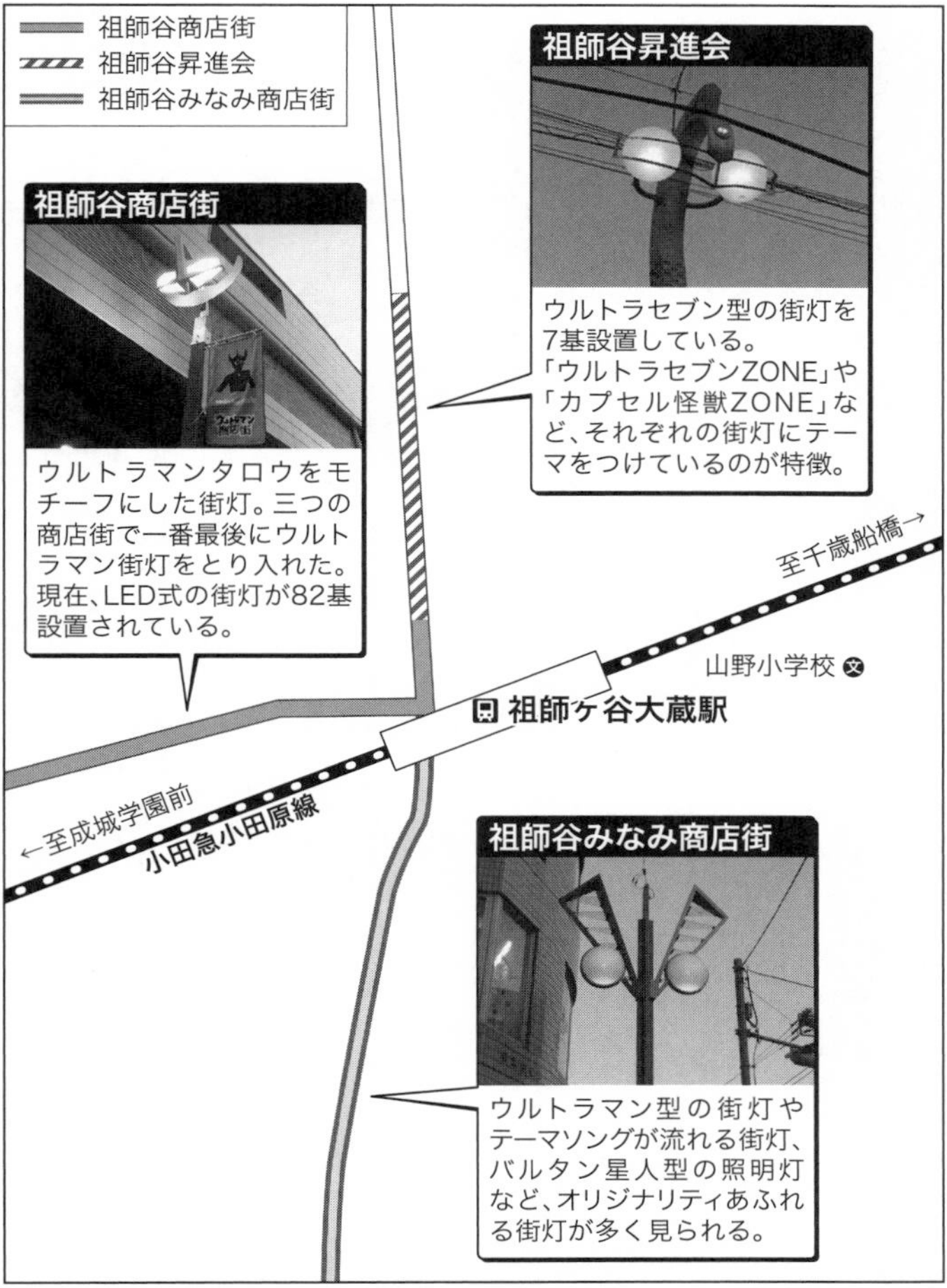

祖師谷商店街
祖師谷昇進会
祖師谷みなみ商店街
祖師谷昇進会
ウルトラセブン型の街灯を7基設置している。「ウルトラセブンZONE」や「カプセル怪獣ZONE」など、それぞれの街灯にテーマをつけているのが特徴。
祖師谷商店街
ウルトラマンタロウをモチーフにした街灯。三つの商店街で一番最後にウルトラマン街灯をとり入れた。現在、LED式の街灯が82基設置されている。
至千歳船橋→
山野小学校
祖師ヶ谷大蔵駅
←至成城学園前
小田急小田原線
祖師谷みなみ商店街
ウルトラマン型の街灯やテーマソングが流れる街灯、バルタン星人型の照明灯など、オリジナリティあふれる街灯が多く見られる。

祖師谷昇進会はウルトラセブン、祖師谷商店街はウルトラマンタロウ、祖師谷みなみ商店街は初代ウルトラマンや怪獣などというように、各商店街には、ウルトラマンに登場するキャラクターをモチーフにした楽しい街灯がたくさんある。

神奈川県大和市に渋谷と同じ「ハチ公」がいる!?

高座渋谷
こうざしぶや
OE 07

「渋谷」と聞けば、都内随一の繁華街である東京都渋谷区が頭に浮かぶ。だが、この地名には東京都渋谷とは別に元祖といわれる場所がある。神奈川県大和市の高座《こうざ》渋谷である。高座の名は、高級ブランド豚の高座豚の名で知る人も多いことであろう。この一帯はかつて高座郡渋谷村といわれ、現在は小田急江ノ島線の高座渋谷駅がある。

高座郡渋谷村の名は、中世にこの地域を支配していた渋谷氏に由来する。

平安末期から鎌倉時代にかけて、桓武《かんむ》平氏の流れをくむ渋谷氏が、この地を治めていた。源頼朝《みなもとのよりとも》の傘下に入った渋谷氏は、平家追討戦に戦功をたて現在の綾瀬《あやせ》市から藤沢《ふじさわ》市一帯の六六箇村を支配し、「渋谷庄」の名で呼ばれた。

東京の渋谷は、渋谷氏の一族が高座渋谷から移住して命名したといわれるが、これには諸説ある。一つは、大昔に渋谷付近が入江だったことから「塩谷《しほや》の里」と呼ばれたのが徐々に訛ったとする説。平安時代末期に一帯の領主だった河崎重家《かわさきしげいえ》が、京都の御所に侵入した盗賊、渋谷権介盛国《しぶやごんのすけもりくに》を捕えたことから「渋谷」姓を与えられたという説もある。

このほか、この地を流れる川の水が鉄分を多く含み、赤さび色の「シブ色」だったため「シブヤ川」と呼ばれていたとする言い伝えや、渋谷川流域の低地が、しぼんだ谷あいだったために「渋谷」と呼ばれたという話もある。さらに「渋」には凸凹を生じた地形という意味があり、「谷」と合わせて渋谷一帯の地形を表したとも伝わる。

このように諸説あるが、高座渋谷由来説が有力とされる。

現在、高座渋谷にも渋谷の待ち合わせスポットでおなじみのハチ公像がある。同じ地名という縁から、民放のテレビ番組で製作されたデコレーションを施された「ハチ公像」（デコハチ公）が、高座渋谷駅前の複合ビル「イコーザ」に設置されたのである。

高座渋谷駅前の「ハチ公」は、「渋谷ハチ公」と同じく、待ち合わせスポットの一つとなっている。

高座渋谷のハチ公こと、「デコハチ公」。デコレーションの技術を競うテレビ番組で製作され、「渋谷」の名前にちなみ、ここ高座渋谷に寄贈されることになった。

代々木上原駅の車窓から見えるタマネギ型の建築物は何？

代々木上原
よよぎうえはら
OH 05

新宿から小田原線に乗り、代々木上原駅を過ぎたあたりに来ると、右側の車窓に、高い尖塔とタマネギ型のドームをそなえた一風変わった建物が迫ってくる。

この建物は、「東京ジャーミイ」の名で知られるイスラム教の寺院（モスク）で、その歴史は、戦前の一九三八（昭和一三）年に建てられた「東京回教《かいきょう》礼拝堂」にまでさかのぼる。

一九三八年春。日中戦争が拡大し、大陸への進出を拡大していた日本は、中央アジアのイスラム国であるトルコとの友好関係を維持する必要から、イスラム教徒のための礼拝堂を創建した。当時日本には、一九一七（大正六）年に起きたロシア革命により、ロシア帝国から逃れてきたトルコ民族が六〇〇人あまり移住していた。米英をはじめとするキリスト教国に対抗してアジア諸地域やイスラム圏との関係を深めていた日本は、トルコ民族をはじめとするイスラム教徒が、日本でもイスラム教のしきたりにしたがって礼拝をとり行えるよう配慮したのである。東京回教礼拝堂は、日本とイスラム圏との友好のシンボルとされた。

当時の資料によると、土地は山下汽船《やましたきせん》を経営する山下亀三郎《やましたかめさぶろう》氏が寄贈し、建設費用は日本側が寄付を募って全額を持ったという。

国内初の本格的なオスマントルコ様式の巨大モスクが竣工したのは一九三八年五月一二日。竣工式典には当時の満州《まんしゅう》国皇帝・愛新覚羅溥儀《あいしんかくらふぎ》の従兄弟である溥侊をはじめ、明治から戦前にかけて政財界に影響力をもった玄洋《げんよう》社《しゃ》の総帥・頭山満《とうやまみつる》、大日本帝国海軍大将・山《やま》本英輔《もとえいすけ》ら有力者が参列した。

東京ジャーミイ外観。タマネギのような形の屋根に、そびえるミナレット（尖塔）が特徴的なイスラム教の宗教施設。ロシア革命の際に亡命してきたトルコ民族が中心になり、日本人の協力のもとに築かれた。

この建物が建てられた背景には、日本を中心に、欧米列強によるアジア侵出に対抗する汎アジア主義が深く絡んでいたともいわれる。

東京ジャーミイ入り口。トルコのモスク文化の隆盛期に活躍した建築家ミマール・シナンの様式を規範とした建物は、細部までが美しい。礼拝時間でなければ、内部の見学も可能である。

このイスラム寺院創建を背後で推進したのは、満州国建国をはじめ日本の大陸進出に大きな役割を果たした南満州鉄道調査部、通称満鉄調査部だったという説もある。当時から日本とトルコは良好な関係を築いていたが、日中戦争が長引き欧米との関係が悪化するなか、イスラム圏を味方に引き入れておくための工作だったという見方だ。

東京回教礼拝堂は建物の老朽化のために、二〇〇〇（平成一二）年に建て替えられて、「東京ジャーミイ」と改称された。外装デザインはイスタンブールにある有名なブルーモスクを参考にしたといい、室内の調度品もすべて本国のトルコから運び込まれたものである。贅を尽くした外観と内装は、トルコのモスク職人が一年をかけて整えたもので、その見事な装飾は、現代アートとしてみても鑑賞に値すると高い評価を得ている。

キャンプ座間にある一度も使われなかった特別な防空壕とは？

相武台前
そうぶだいまえ
OH 30

小田原線相武台前《そうぶだいまえ》駅のそば、県道五一号と四六号にはさまれるように広がるのが、在日米軍基地のキャンプ座間である。座間市と相模原市にまたがる広大な基地は、米兵たちのあいだで「リトルペンタゴン」の名で呼ばれているという。

現在、アメリカ陸軍と陸上自衛隊（座間駐屯地）が共同使用するキャンプ座間は、終戦まで陸軍士官学校が置かれていた。その敷地内にある一つの戦争遺跡が、二〇一三（平成二五）年、陸上自衛隊によって報道陣に公開された。戦時中につくられた昭和天皇専用の防空壕である。

天皇が士官学校の卒業式に出席する際、敵機による空襲に遭う可能性を考えて掘られたものだ。

陸軍士官学校は、旧帝国陸軍の幹部である将校を育成する軍事教育機関で、一八六八（明治元）年に、京都の廷臣《ていしん》の子弟に軍事教育を与えるための兵学校として始まった。

当初東京の市ヶ谷にあった陸軍士官学校、通称「陸士」は、一九三七（昭和一二）年に本科が座間に移転。市ヶ谷の校舎を「市ヶ谷台」と通称したことから、昭和天皇から「相武台」の名称が与えられた。本科の生徒のほかにも、中華民国《ちゅうかみんこく》（現在の台湾の政権）やビルマ（現・ミャンマー）、満州、東南アジアなどからの留学生も多数受け入れた。

防衛省に残る記録によると、昭和天皇は相武台への移転以来一九四五（昭和二〇）年の敗戦時までに、九回開かれた士官学校の卒業式のうち、七回に臨席している。だが、実際に壕を使うことはなかった。

壕の入口は旧陸軍士官学校の旧講堂のすぐ裏手にある。

鉄筋コンクリートづくりで、入口を抜けると一七メートルの曲がりくねった通路が続き、広さ三〇平方メートルの部屋が広がる。天井の高さは二メートル、コンクリートの側壁の厚さは七〇センチメートル、天井部分も厚さ七〇センチメートルのコンクリートで防護されている。

部屋は三室、一部がかまぼこ型につくられていて、いずれも爆風を防ぐための鉄扉によって仕切られている。

アメリカ陸軍と陸上自衛隊が使用する敷地のため、一般の人が目にできる機会はないが、戦争当時の貴重な遺産であることは間違いない。

相模野に作られた主要軍関係施設分布（1944年6月）

現在の相武台前駅の陸軍士官学校・陸軍士官学校練兵場を中心に、相模野には多くの軍事施設が建設された。周辺を散策してみると、思わぬところで戦争遺産を見つけることができるかもしれない。

伊勢原
いせはら
OH 36

大山が信仰の山から行楽の山へと姿を変えた理由

神奈川県伊勢原市《いせはら》に位置する大山《おおやま》は、西暦七〇〇年代に良弁《りょうべん》が開山したと伝わる霊山で、山頂と中腹に阿夫利《あふり》神社、中腹に大山寺《おおやまでら》がある。

古くから山岳信仰の修行場として知られ、源頼朝や豊臣秀吉《とよとみひでよし》、徳川家康《とくがわいえやす》らも参詣したと伝わる。

江戸時代には関東、東海一円に庶民のあいだでも大山不動を中心とした信仰が広まり、大山詣《もう》でが流行した。

大山詣での玄関口とされるのが、伊勢原である。

伊勢原は、江戸時代に大山参りに訪れた鎌倉《かまくら》の湯浅清左衛門《ゆあさせいざえもん》なる人物が湧水を発見し、代官に申し出て開拓を始めた。その後、西国、伊勢《いせ》の宇治山田《うじやまだ》から曽右衛門らが移住し、地名のもとになったという。

伊勢原が発展するきっかけとなったのは、一九二七（昭和二）年の小田原急行鉄道の開通だった。伊勢原駅ができると、大山の玄関口として参拝者が利用するようになり、これ

大山阿夫利神社。「あふり」の名は、「雨降」からきているといわれ、古代より雨乞いの霊山として信仰を集めてきた。祭神は、大山祇大神（おおやまつみのおおかみ）・大雷神（おおいかずちのかみ）・高龗神（たかおかのかみ）の三神。

を盛り上げようとする動きが始まる。

阿夫利神社が全国の講《こう》（同じ大山信仰を持つ人が集まった結社）に呼びかけて一九二八（昭和三）年に大山鋼索《こうさく》鉄道を設立した。そして一九三一（昭和六）年に、麓にあたる追分《おいわけ》の下から阿夫利神社下社まで六〇人乗りのケーブルカーを開通させたのである。

日中戦争の開戦後、出征兵士の武運を祈る登山者が急増したが、戦況が悪化すると、一九四四（昭和一九）年には不要不急路線として廃止に追い込まれる。線路は金属資材として軍に供出させられた。

一時は姿を消したケーブルカーだったが、戦後の一九五〇（昭和二五）年に復活を求める運動が起こり、地元の有志が大山観光《おおやまかんこう》

2016年に車両をリニューアルした大山ケーブルカー。大山山頂に鎮座する大山阿夫利神社への参詣のためや、登山客などに利用される。

株式会社（のち大山観光電鉄株式会社）を設立した。

しかし、資金の調達に難航し、計画はなかなか進まなかった。

このとき、地元の要請を受けて営業再開を支援したのが小田急グループだった。起点駅のとりつけ道路の改修などに手間どったが、小田急が主導して整備を進め、一九六五（昭和四〇）年、ついに追分駅（現・大山ケーブル駅）から下社《しもしゃ》駅（現・阿夫利神社駅）までの七八六メートルの運転を再開したのである。ケーブルカーが復活し、誰でも登山できるようになった大山は、行楽登山の山として親しまれるようになり、首都圏の手近な行楽地として人気を獲得していった。

毎年行楽シーズンには特急ロマンスカーが臨時停車していたが、二〇一六（平成二八）年三月には、海老名駅とともに年間を通じての停車が実現。一層賑わいを見せている。

南林間駅そばの女学園は、壮大な林間都市構想の名残だった

南林間
みなみりんかん
OE 03

江ノ島線南林間駅、中央林間駅、東林間駅と三つの駅名に採用されている「林間」は、小田急が目指した「林間都市計画」の名残である。

林間都市計画は、小田急線開業前の大正末期に構想されたプロジェクトで、江ノ島線の駅を中心として放射状に道路を配置し、緑豊かな住宅とさまざまな施設を建設するというものである。渋沢栄一《しぶさわえいいち》の田園都市構想や、小林一三の箕面有馬《みのおありま》電気軌道（現・阪急電鉄）に刺激を受けた構想で、自然豊かな地域での、新しいライフスタイルを提案したものだった。林間都市の周辺には、住宅だけでなく公園や野球場、ゴルフ場、テニスコートなどスポーツ施設も充実させる計画で、四五ページで紹介した相撲学校もその一環だった。さらには松竹撮影所や工場の誘致も計画された。

小田急では、約二三万一〇〇〇平方メートル（約七〇万坪）の土地を対象に、この計画を進めたが、戦時色が強まってきたこの時代にあっては思うような結果を残せなかった。

この計画の〝遺産〟が、南林間駅にある「大和学園　聖セシリア」である。

林間都市計画においては、「教育の充実」が重要視されていた。その一翼を担うため、一九二九（昭和四）年、大和学園《やまとがくえん》（翌年、大和学園高等女学校に改称）が設立された。

設立者は、初代小田急社長利光鶴松《としみつつるまつ》の娘・伊東静江《いとうしずえ》である。

静江は、聖心女子学院語学校に学ぶうちに、外国人修道女たちの生活と精神に深い感銘を受けて、熱心なカトリック信者になったとされる。卒業後、キリスト教の精神に基づく教育をほどこしたいという一心で手がけたのがこの学園だった。

当時の日本では、女学校の教育理念といえば「良妻賢母」を目指すのが一般的だった。だが、大和学園の教育理念は、「神を信じ、希望し、深い心を持って人を愛し、社会に奉仕する人材となる」ことを目指すもので、当時としては極めて革新的だった。

一九三二（昭和七）年には、男女共学の大和学園小学校を設立し、一九三五（昭和一〇）年には、大和学園喜多見幼稚園も設立した。

ユニークなのは、一九四五（昭和二〇）年三月に設立された大和女子農芸専門学校である。終戦直前に設立されたこともあり、「食料増産のための専門的な農業教育」を掲げていた。

大和学園では、「土に親しみ、自然に触れることで神の摂理を識《し》る」を基本としていたため、いかにも大和学園らしい教育の形だったともいえるであろう。

創設間もない頃の大和学園。利光鶴松の娘・伊東静江によって設立された学園では、キリスト教の精神にもとづく教育を施すという、当時稀に見る教育方針を示し、世間に驚きを与えた。（大和市教育委員会提供）

戦後、教育制度改革により、大和学園高等女学校は一九四八（昭和二三）年に大和学園高等学校となり、一九五〇（昭和二五）年には大和女子農芸専門学校が大和農芸家政短期大学となって、大和学園は幼稚園から短期大学までを有することになった。

利光鶴松が目指した理想の住宅都市「林間都市」は、前述のように昭和恐慌や社会の戦時体制化によって思うように進まず、大和学園聖セシリアのほかは相模カンツリー倶楽部に名残を残すのみである。江ノ島線の駅も、「東林間都市」「中央林間都市」「南林間都市」として開業したが、太平洋戦争開戦直前の一九四一（昭和一六）年に「都市」を削除して「東林間」「中央林間」「南林間」に改称されて現在に至っている。

財政的に厳しい時期にもかかわらず新宿に高級ホテルを開業できたワケ

新宿
しんじゅく
OH 01

二〇二三（令和五）年三月、小田急電鉄は、西新宿の小田急第一生命ビル及び小田急センチュリービルと、同ビルでハイアットリージェンシー東京を運営するホテル小田急の株式を売却すると発表した。ハイアットリージェンシー東京は、かつて「ホテルセンチュリーハイアット」といい、一九八〇（昭和五五）年九月一五日に開業した小田急グループを代表する高級ホテルだった。それまで箱根地域にしかホテルを持たなかった小田急が新宿の高級ホテルに進出するにあたっては、他の企業からの後押しがあったという。

小田急が都心でのホテル事業を模索し始めたのは、東京都が「新宿副都心事業」を決定した一九六〇（昭和三五）年頃のことである。一九六五（昭和四〇）年、東京都は、東村《ひがしむら》山《やま》浄水場の竣工によって役目を終えた新宿駅西口の淀橋《よどばし》浄水場の跡地について、一六万四〇〇〇平方メートルの土地を民間企業に分譲することを決定した。大発展が望める新宿副都心に土地を確保しておけば、将来の新しい事業展開を可能にするだけでなく、小田急電鉄が拠点とする新宿西口における存在感をさらに高めることができる。これほどの一等地にまとまった土地を獲得するチャンスは、二度とないであろう。こうして、小田急は新宿西口の高級ホテルを構想したのである。

しかし、当時小田急は、新宿駅西口駅ビル建設を中心とする新宿西口総合開発事業が進行中であり、鉄道部門の工事も多数控えて膨大な資金を必要としていた。土地を落札すれば、その後さらに巨費を投じて高層ビルを建てなくてはならない。果たしてそれだけの投資に小田急の体力が耐えられるか。今後の事業予測を考慮し、いったんは購入見送りに傾いた。そこで、当時小田急電鉄の会長だった安藤楢六《あんどうならろく》は、小田急の筆頭株主である第一生命の矢野一郎《やのいちろう》会長を訪ね、率直に事情を説明した。すると矢野は、「第一生命と小田急とで、協同で購入してはどうか。そのうえで、万が一ホテルの経営が厳しくなったら、その時は第一生命が買い取る」と述べ、共同ビルの建設を申し出たのである。

これで、財政面の不安がなくなった小田急は、一九六八（昭和四三）年一月に行われた第三回入札に、第一生命と共同で参加した。

小田急は、一一区画ある分譲地のうち、買うならば北西側の第七号街区と決めていた。新宿駅から六〇〇メートルあまり離れていたが、ホテルを構想した場合、新宿中央公園に隣接し、首都高四号線の出入口に近いというのは理想的だった。駅からやや遠いのも、静粛性が求められる高級ホテルには好適だった。

第三回入札の際、対象となった街区は他に三箇所あった。小田急以外の各社は、落札のチャンスを拡げるため四街区すべてに申し込んでいたが、小田急は前述の理由から第七号街区一本に絞った。

落札価格についても、当日に安藤会長が示した価格は一坪あたり一一七万二〇〇〇円。隣接する第六号街区の落札価格が約一二五万円だったから、もっと上積みした方がよいとの意見もあったが、安藤会長の判断でそのまま入札。二位とは二〇〇〇円差で落札に成功した。小田急が第七号街区に絞ったことで、確実に落札できるよう高額入札してくるのではないかとの見方が広まり、多くがまともな勝負を避けた結果だった。

こうして、第一生命の強力な支援と小田急の信念により、小田急は新宿西口の土地獲得に成功。小田急が「小田急センチュリービル」を、第一生命が「新宿第一生命ビル（現・小田急第一生命ビル）」を建設し、小田急センチュリービルにホテルセンチュリーハイアットをオープンさせた。

小田急の新宿での基盤を整えた高級ホテルだったが、時代は変わり、オープンから四三年を経て小田急の手を完全に離れることになった。二〇二三年一〇月現在、小田急電鉄は箱根や相模原で七つの宿泊施設を運営している。

第三章

思わず下車したくなる、不思議な駅を探せ！

車掌が手動でドアを開け閉めしていた駅があった!!

風祭
かざまつり
OH 49

箱根登山鉄道の風祭《かざまつり》駅は、箱根駅伝の季節になると、小田原中継所の最寄り駅として多くの人で賑わう。実はこの風祭駅、かつては異例尽くしの駅として鉄道ファンのあいだでも名が知られていた。

今でこそ箱根登山鉄道は小田急との直通運転を行っているが、元は小田急よりも先に軌道（路面電車）として開業した独立路線であり、小田急の乗り入れなど想定していなかった。そのため風祭駅のホームはとても短く、一両分のドアしか開かないという状態だったのである。

風祭駅は一九三五（昭和一〇）年に開業した駅で、当初は登山電車二両分の約三〇メートルの長さのホームしかなかった。

一九五〇（昭和二五）年の小田急乗り入れ開始に際し、二線の島式《しましき》ホームが設けられたが、地形上の制約からホームを延伸できなかった。

車体長二〇メートルもある車両が最大六両（現在は四両）も連なる小田急の列車は、ホ

風祭駅で行なわれていた乗降方法（イメージ図）

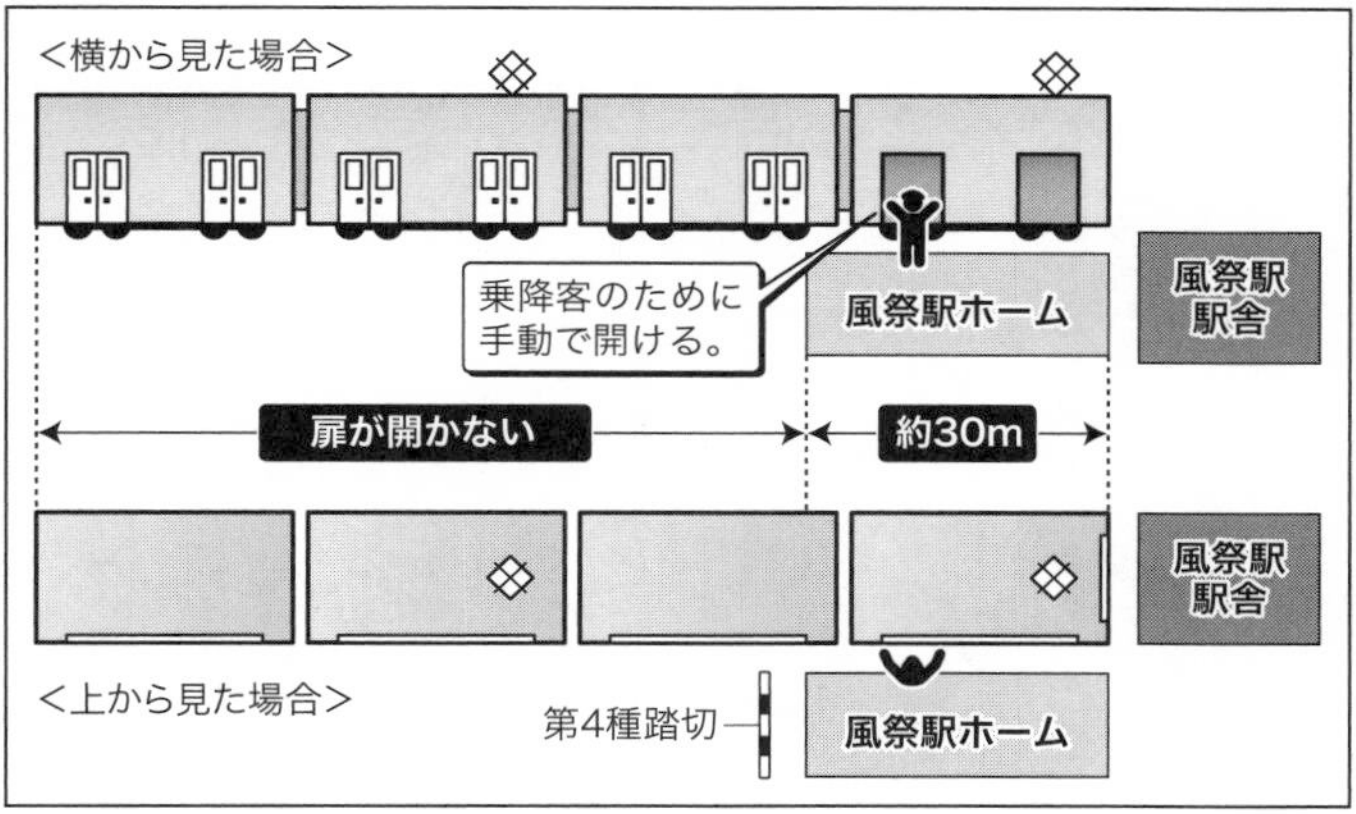

1935年に開業した当時、ホーム長は箱根登山鉄道の車両２両分に対応する30メートルだったが、小田急電鉄の車両では一両分の長さに相当し、長い間1両しか扉が開かなかった。

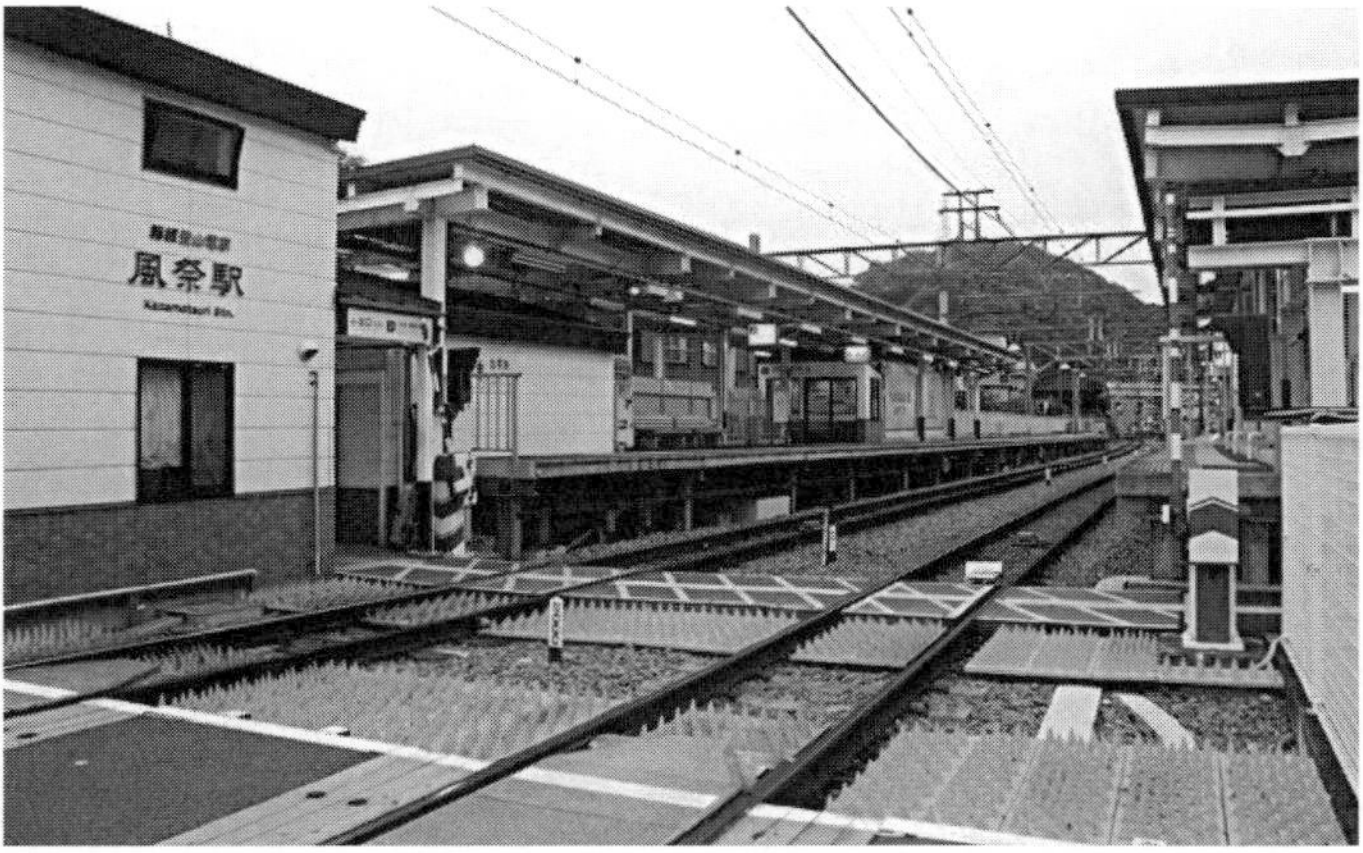

改装後の風祭駅。2007年、バリアフリーに対応するため、従来の島式ホームから相対式ホームに改良。ホーム長も85メートルと延伸され、現在は全ての扉が開閉する。

ームに収まりきらない。実際にホームにかかるのは二両程度で、大部分の車両がホームに収まっていない不思議な光景が見られることになった。

もちろん、すべての車両から乗客が乗り降りできるわけがない。風祭駅に停車する小田急の車両は、当初は箱根湯本側の先頭から二両目、のちに箱根湯本側の先頭の一両のみで客扱いを行なうという対応がとられた。

しかも小田急の車両には、ドアカット（部分的にドアを開閉すること）用の回路が搭載されていなかったため、ドアの開閉は手動で行なわれなければならなかった。車両が停車すると一つのドアを車掌が非常用ドアコックを操作して手動で開けるという光景が見られたのである。

その後、一九九三（平成五）年にホーム長が延伸されたものの、一両のみで乗客が乗り降りする状況が続いていた。それがようやく解消されたのは二〇〇八（平成二〇）年のことである。島式ホームから相対式《そうたいしき》ホームに衣替えした結果、二〇メートル車四両に対応する八五メートル長のホームとなった。

今では小田原～箱根湯本間は全列車が小田急の車両となり、全車両のドアから乗降ができるようになった。名物だった手動開閉は行われていない。

梅ヶ丘駅ホームを島式にした背景には壮大な「東京山手急行」計画あり！

梅ヶ丘
うめがおか
OH 09

小田急の駅は、高速走行を行うため、ホームの前後での曲線を減らして上りと下りが直線のまま入線できるよう、昔から両側にホームがある相対式ホームを基本としていた。しかし、数少ない例外があった。

小田原線梅ヶ丘駅は現在こそ相対式となっているが、一九六三（昭和三八）年までは、上りと下りが一つのホームを挟むように停車する島式ホームだった。それも直線区間のレールにあえてカーブをつけて外側に湾曲させ、島式にしていたのである。

梅ヶ丘駅の開業は一九三四（昭和九）年で、人家の少ない一帯を区画整理し、碁盤の目状に整えた上で設置された。

なぜ人家もない場所に駅を設置し、しかも島式ホームとしたのか。これは、梅ヶ丘駅が「東京山手急行電鉄《とうきょうやまてきゅうこう》」との接続駅として建てられた駅だからである。

東京山手急行電鉄は、大正時代後期に計画された外環状線《そとかんじょうせん》で、山手線を一まわりほど大きくして東京をぐるりと一周させる路線で、いわば第二の山手線ともいうべきものだった。

コースは現在の駅名でいえば、大井町～雪《ゆき》が谷大塚《やおおつか》付近～自由《じゆう》が丘《おか》～駒沢大学《こまざわだいがく》付近～梅ケ丘～明大前《めいだいまえ》～中野《なかの》～新井薬師前《あらいやくしまえ》～江古田《えこだ》～下板橋《しもいたばし》～板橋～田端《たばた》～北千住《きたせんじゅ》～曳舟《ひきふね》付近～大島《おおじま》付近～南砂町《みなみすなまち》付近～東陽町《とうようちょう》南側にあたる（ＪＲ・私鉄含む）。

全長は五〇キロメートル近くに及び、当時の六本の省線（現・ＪＲ）と一九本の私鉄に接続交差し、東京から放射状に伸びる各路線を結ぶ壮大な計画だった。

電鉄会社の社長らをはじめとする構想の発起人らは、一九二六（大正一五）年に「東京山手急行電鉄株式会社」を設立。免許を取得すると、株式の公募では定数の何倍にも達する申し込みがあり、利光鶴松が代表取締役に選出された。

しかし、全線を複線とし、すべての道路と立体交差をさせ、夜間は貨物用としてトラックや他線への積み換えをはかるなど、あまりに壮大な計画だったためか、資金の調達や用地買収が思うように進まなかった。

経由地の見直しや区間の短縮なども考えられたが、世界恐慌や第二次世界大戦が相次いで起こり、世の中が混乱しているあいだに免許は失効した。

この計画が実現していれば、梅ヶ丘駅の立体交差のガード上を東京山手急行電鉄車両が走り、首都圏の交通は現在と大きく違ったものになっていたであろう。

東京山手急行電鉄路線図

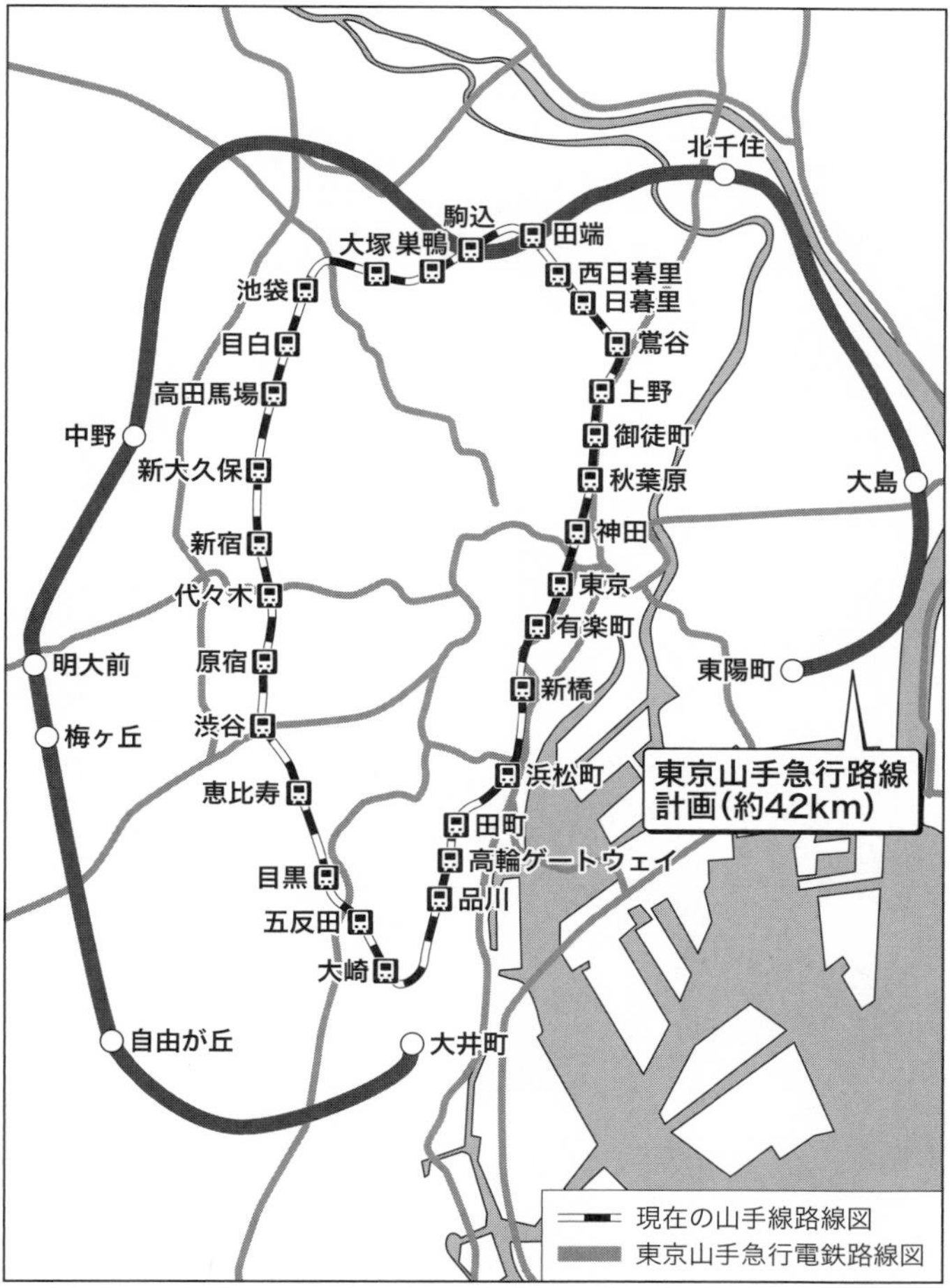

現在の山手線をぐるりと囲むように計画された路線は、50キロメートルに及ぶ壮大なものだった。1926年に申請された免許は、鉄道省のなかでも反対派と擁護派で審議が割れた。論争が続いたが、結局は免許失効により頓挫した。

終着駅ではない藤沢駅でスイッチバックする不思議

藤沢
ふじさわ
OE 13

藤沢駅は、藤沢市の玄関口であり、JR東日本、小田急電鉄、江ノ島電鉄（江ノ電）の三社が乗り入れるジャンクションである。

そのうちJR藤沢駅は、開業一三〇年を越える歴史ある駅。一方四〇年あまり遅れて開業した小田急の藤沢駅は、一日あたりの平均乗降者数が約一五万人と、小田急全体で第四位の乗降者数を誇っている。小田急線藤沢駅は江ノ島線の途中駅だが、二面三線のホームは行き止まりの頭端駅である。新宿方面の線路と片瀬江ノ島《かたせえのしま》方面の線路は、駅の西側で分岐している。新宿～片瀬江ノ島間を直通する特急ロマンスカー「えのしま号」は、下り列車も上り列車も、藤沢駅で進行方向を変えて、発車時には進入してきた方向にバックして行く。こうした線路構造をスイッチバックという（左ページ上図参照）。

特急ロマンスカー以外の一般列車は、二〇二二（令和四）年三月以降すべての列車が藤沢駅で運行系統を分離しており、新宿方面と片瀬江ノ島方面とを直通する列車はない。

藤沢駅のような頭端駅は、新宿駅のような始発・終着駅に用いられることが多いが、中

藤沢駅のスイッチバックの仕組み

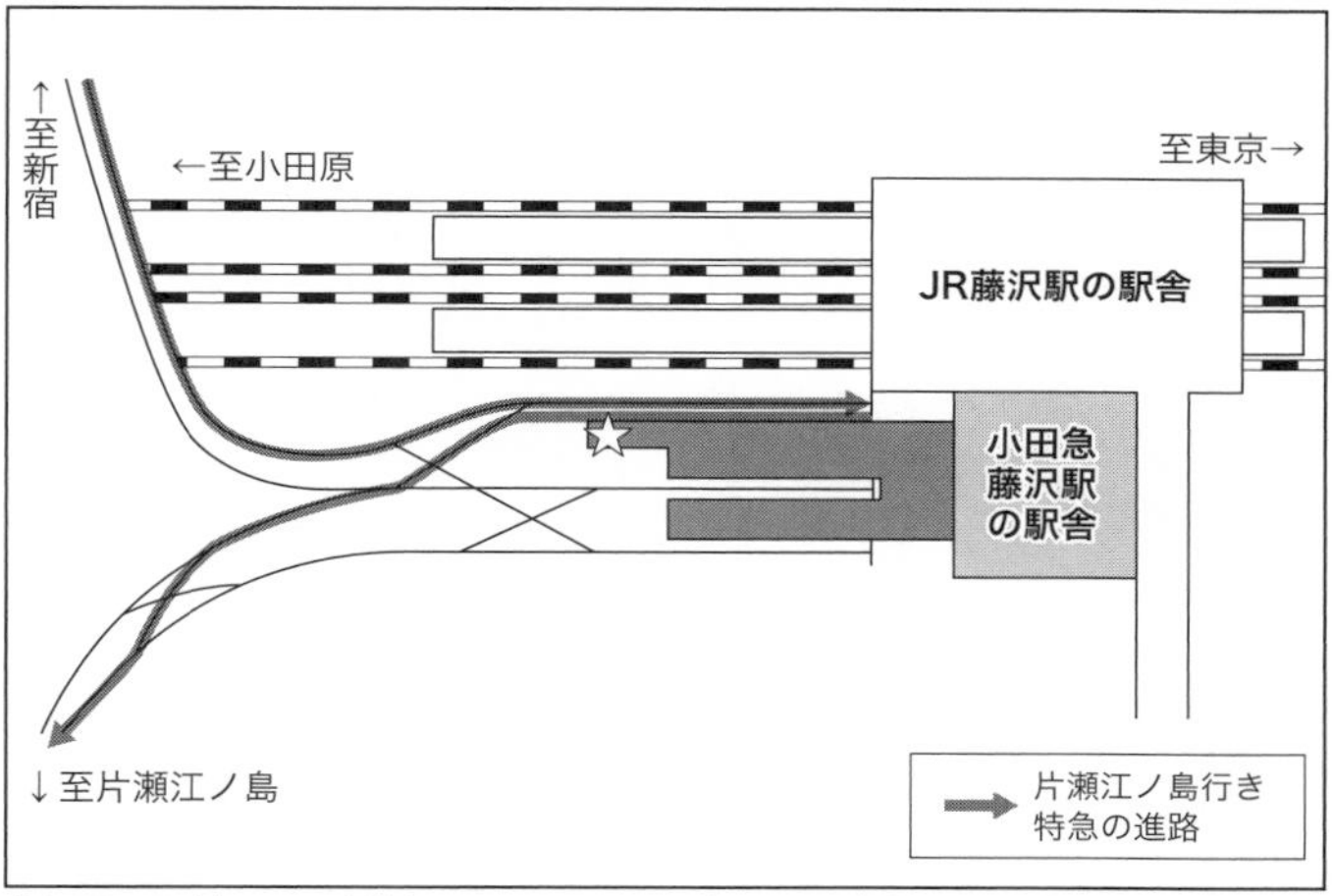

藤沢駅の配線図。下り特急ロマンスカーは向かって左(図では上)の1番ホーム(または2番ホーム)に入り折り返す。複線区間のスイッチバックは全国的にも珍しい。

上図の☆の位置から見た、藤沢駅に進入する下り「えのしま号」。片瀬江ノ島駅に向けては、進行方向を変えて左の線路へ進む。

間駅の藤沢駅に用いられるようになったのはなぜなのか。

実は、藤沢駅がスイッチバックになった理由をはっきりと示す文書は見当たらず、いくつかの説がある。定説とされているのは、スイッチバックにしないと、先に開業していた東京電燈《とうきょうでんとう》株式会社江之島《えのしま》線（現在の江ノ電）とルートが被ってしまうから、というもの。

大野（現・相模大野）〜藤沢間は沿線に人口が少なく、また沿線住民も小田急に対して好意的であったため、ルート選択に苦労はなかった。だが藤沢では、地価の安い西側から国鉄を越えて藤沢駅に入ることにしたが、そのまま東に抜けると問題が生じた。

藤沢駅の東側には江ノ島で相模湾に注ぐ境川《さかいがわ》が流れ、その東には標高八〇メートルほどの片瀬山《かたせやま》がそびえている。藤沢駅から東側へ線路を通すと、境川の手前で南に進路を取り、現在の国道四六七号に沿って江ノ島を目指すことになる。これは東京電燈江之島線と完全に競合するルートで、小田急の営業的にも、政府の交通政策的にも都合が悪かった。

藤沢駅に東側から入って西に抜けようとすれば、藤沢駅の北東、遊行寺《ゆぎょうじ》周辺にあった当時の市街地を通過することになり、土地の確保が格段に難しくなったと思われる。

小田急電鉄は、小田原線の時と同様に江ノ島線の全線一括開業を目指していた。そこで、運行上の不利は承知のうえでスイッチバック構造を選択した、というわけである。

免許を得るために二路線に分けて申請

江ノ島線は大野～藤沢間を「藤沢線」、藤沢～片瀬江ノ島間を「片瀬線」として敷設を免許されたという事情もある。

小田急の初代社長・利光鶴松は、小田原線開業後の次の一手として、江ノ島への路線を計画していた。山の箱根と海の江ノ島、双方に向かう路線があれば、「小田急＝観光路線」のイメージを定着できると考えた。

一九二三（大正一二）年二月、利光は新原町田（現・町田）から辻堂《つじどう》、鵠沼《くげぬま》を経由して片瀬へ至る延長線の敷設を出願した。東海道本線の辻堂駅は当時の辻堂市街から離れており、現在の小田急線本鵠沼《ほんくげぬま》付近にあたる鵠沼の集落には、まだ鉄道がなかった。しかし、当時は小田原線すら未着工の時期。そのため、この申請は二度にわたり却下された。

藤沢周辺には、すでに東京電燈江之島線が藤沢～鎌倉《かまくら》間を開業させていたほか、東海土地電気《とうかいとちでんき》株式会社が大船《おおふな》～辻堂～茅ケ崎《ちがさき》間の免許を得ていた。小田急の延長線はこの二社と辻堂～鵠沼～片瀬間で競合し、鉄道省から認可を受ける見込みは低かった。

そこで、小田急は申請路線を前記の二社と競合しない大野～藤沢間に変更し、一九二六（大正一五）年六月三〇日に「藤沢線」として申請。同年一〇月四日に免許を得た。続く

1902(明治35)年	9月	(旧) 江之島電気鉄道 藤沢～片瀬間開業
1910(明治43)年	11月	(旧) 江之島電気鉄道 藤沢～小町 (現・鎌倉) 間全通
1911(明治44)年	10月	横浜電気が (旧) 江之島電気鉄道を吸収合併
1921(大正10)年	5月	東京電燈が横浜電気を吸収合併、東京電燈江之島線となる
1922(大正11)年	12月	東海土地電気、大船～鵠沼～辻堂～茅ヶ崎間の鉄道敷設免許
1923(大正12)年	2月	東京高速鉄道 (小田急の前身)、江ノ島線 (新原町田～辻堂～鵠沼～片瀬) の敷設を申請
1924(大正13)年	7月	江ノ島線申請却下
	9月	小田原急行鉄道、江ノ島線の敷設を再申請
1925(大正14)年	9月	小田原急行鉄道、江ノ島線の敷設を再々申請
1926(大正15)年	6月	小田原急行鉄道、江ノ島線の敷設申請を藤沢線大野～藤沢間に変更
	7月	江ノ島電気鉄道設立、東海土地電気の免許を継承
	10月	小田原急行鉄道、藤沢線の鉄道敷設免許
	11月	小田原急行鉄道、片瀬線藤沢～片瀬間の敷設を申請
1927(昭和2)年	12月	小田原急行鉄道、片瀬線の鉄道敷設免許
1928(昭和3)年	7月	江ノ島電気鉄道、東京電燈江之島線を譲り受け営業開始
1929(昭和4)年	4月	小田原急行鉄道、大野～片瀬江ノ島間開業

一一月二八日、「片瀬線」として藤沢～片瀬間の敷設免許を申請する。当時、先に免許されていた江ノ島電気鉄道(東海土地電気の敷設権を継承して設立、後に東京電燈江之島線を買収)が資金難から着工の目処が立たなかったことから、小田急の実績が認められ、一九二七(昭和二)年一二月二七日に免許された。

こうした経緯から、他社路線との競合を避け、鵠沼の集落も通過できる現在のルートが選択された、と考えられる。

竜宮城を模した片瀬江ノ島駅は開業半年で撤去されたかもしれなかった？

片瀬江ノ島
かたせえのしま
OE 16

海水浴や江島神社参拝のために多くの観光客が訪れる江ノ島線片瀬江ノ島駅は、一風変わった駅舎で知られる。二〇二〇（令和二）年に新装された二代目駅舎は、初代駅舎のユニークなデザインを受け継いだ竜宮城風のデザイン。初代駅舎に比べてより本格的に設計され、江島縁起の一つである「五頭竜《ごずりゅう》と天女の伝説」にちなんだ装飾が施され、屋根には金のシャチホコならぬ「金のイルカ」が飾られている。駅改札内には、竜宮城をイメージした本物のクラゲ水槽を設置し、日没後は毎日ライトアップするなど、行楽地・江ノ島の玄関に相応しい遊び心に満ちた駅舎である。

二〇一八（平成三〇）年に惜しまれながら解体された初代駅舎も、一九二九（昭和四）年の開業時から竜宮城風のデザインで登場した。建設費に一万八〇〇〇円を投じた、当時としては異例の豪華な駅舎だったが、実はこの初代駅舎、六カ月の期限付き仮設駅舎となる可能性があった。当時、後に江ノ電の運営を引き継ぐことになる江ノ島電気鉄道が、大船～片瀬～鵠沼～茅ヶ崎間の鉄道敷設免許を先に取得していたからである。

江ノ島電気鉄道の計画線は、江ノ島線と本鵠沼駅付近で平面交差していた。法律上、優先権は先に免許を受けた江ノ島電気鉄道にある。そこで、江ノ島線は江ノ島電気鉄道の免許が有効なうちは仮設とする条件がついていた。もし江ノ島電気鉄道が着工にこぎ着ければ、片瀬江ノ島駅を含む江ノ島線は撤去・付け替えを求められる可能性があった。

もっとも、当時の江ノ島電気鉄道は再三着工期限の延長を繰り返しながら、資金面などから一向に着工できる目処が立っていなかった。そのうえ、前年の一九二八(昭和三)年には、東京電燈から江之島線を譲り受けており、巨費を投じて新線を建設する意味は薄れていた。このことから、片瀬江ノ島駅は「仮設」の条件つきで開業したものの、実際に六カ月で撤去することになると思っていた人はほとんどいなかったと思われる。江ノ島電気鉄道は同年秋に免許を失効させ、片瀬江ノ島駅は思惑通り本設駅となった。

駅名にもちょっとした波乱があった。小田急は当初、江ノ島線の終着駅を「江ノ島駅」とする予定だった。ところが、江ノ島線の開業を一カ月後に控えた一九二九年三月、江ノ島電鉄が「片瀬駅」を「江ノ島駅」に改称した。これは小田急線を意識して先手を打った施策だった。江ノ島電鉄江ノ島駅と小田急の新駅は約六〇〇メートル離れており、同じ駅名とするわけにはいかない。そこで、駅の所在地と観光地として知名度のある江ノ島を組み合わせて、「片瀬江ノ島駅」と名づけられた。

2020年7月に完成した二代目駅舎。竜宮城風のデザインを引き継ぎ、新江ノ島水族館とコラボレーションしたクラゲ水槽を備えるなど遊び心いっぱい。

開業から約90年にわたって親しまれ2019年に引退した初代駅舎。

温室効果ガス削減の先駆けとなった多摩線はるひ野駅

はるひ野
はるひの
OT 04

二酸化炭素などの温室効果ガスの削減を目指すカーボンニュートラルと省エネルギーは、すべての企業にとって大きな課題である。省エネルギーで二酸化炭素排出量の少ない交通機関とされる鉄道においても例外ではない。JR東日本はメガソーラーや風力発電所を運転して二〇五〇年度のCO２排出量実質ゼロを目指しているし、東急電鉄は二〇二三年から鉄軌道全路線を再生可能エネルギー由来の電力一〇〇パーセントにて運行している。

小田急電鉄は、早い段階から再生可能エネルギーを活用するなど、省エネルギー・脱炭素化への取組に熱心な鉄道事業者である。その先駆けとなったのが、二〇〇四（平成一六）年一二月に開業した、多摩線はるひ野《の》駅である。

はるひ野駅は、開業時から屋根に風力と太陽光を利用したハイブリッドタイプの小型発電システムを設置している。当時、屋根に太陽光パネルを設置した駅は小田原駅や湘南台《しょうなんだい》駅など各地に存在していたが、風力発電システムを導入したのは、ここはるひ野駅が全国初。跨線橋建屋に定格出力四〇〇ワットの風力発電機が一〇基、駅舎の屋上に同一三六ワ

多摩丘陵をイメージした曲線が美しいはるひ野駅。手前の事務棟の屋上にはソーラーパネルが設置されている。

小さな風にも反応してきめ細かく発電する風力発電装置。開業当時は物珍しく発電状況などもモニターできたが、今ではまちにすっかり溶け込んでいる。

ットの太陽電池が八基装備されている。このシステムでは一日あたり最大九キロワット程度の発電が可能で、改札口付近の照明など駅で使用する電気の一部に使われている。開業当時は、改札口横に発電状況などを表示するモニターも設置されていた。

駅のデザインも特徴的である。駅舎に隣接する、なだらかな曲線を描く建屋は跨線橋を覆う屋根で、多摩丘陵の起伏をイメージしている。ガラスをはじめ採光性に優れた素材を使用し、照明の使用時間を削減するなどの配慮が行われている。

小田急電鉄では、はるひ野駅以外にも再生可能エネルギーを活用した取り組みを進めている。多摩線の五駅（五月台《さつきだい》、栗平《くりひら》、黒川《くろかわ》、小田急永山《おだきゅうながやま》、小田急多摩《おだきゅうたま》センター）をはじめ、小田原線の東北沢、下北沢、世田谷代田、東海大学前《とうかいだいがくまえ》、小田原、江ノ島線の湘南台の全一一駅に太陽光発電システムを導入。小田急が運営する商業施設「小田急マルシェ町田」ではるひ野駅と同様のハイブリッド発電システムを使用しているほか、喜多見電車基地にメガソーラーによる発電所を設けている。

二〇二一（令和三）年には、二〇五〇年度のCO2排出量実質ゼロを目指す「小田急グループ　カーボンニュートラル２０５０」を策定。特急ロマンスカーVSEの消費電力量を実質CO2フリー電気に置き換えた「ゼロカーボン　ロマンスカー」を運行するなど、わかりやすい環境保全に取り組んでいる。

境界上の愛甲石田駅は、駅名も地名も仲よく半分こ！

愛甲石田
あいこういしだ
OH 35

厚木市と伊勢原市の市境に建つ小田原線愛甲石田《あいこういしだ》駅は、小田原線が一九二七（昭和二）年に開業した当初からある古い駅の一つである。この風変わりな駅名は、厚木側の「南毛《なんもう》利《り》村愛甲（現・厚木市愛甲）」と伊勢原側の「成瀬《なるせ》村石田（現・伊勢原市石田）」を合わせてつけられた。

二つの町の名を合わせたのは、二つの地域の境界に駅が設けられたからである。

ここまでには紆余曲折があった。はじめに駅の設置が予定されたのは、現在の位置よりも一キロメートルほど伊勢原市に寄った高森《たかもり》だった。ところが高森の地権者たちの一部が駅設置を反対したために計画を変更。現在の駅よりやや西寄りの、旧大山《おおやま》街道に面した石田集落を駅の設置場所とした。

すると今度は、南毛利村愛甲地区の地主から熱心な駅誘致運動があり、一方石田側は隣村への駅設置に難色を示した。

そこで小田急は三度目の計画変更を行なう。愛甲側に寄った場所で、かつ厚木側へ片寄ってしまわない新たな場所を探した結果、「南毛利村と成瀬村の境界を、駅舎がちょうど平等にまたぐ地点の真上」に、駅を建造することになった。

さらに駅名も、双方の地名を二文字ずつ平等に採ることにした。

その後、成瀬村は伊勢原町（のちに伊勢原市）に編入、南毛利村は一町四村の合併により厚木市となったが、「駅の中心を自治体境が通る」状況は令和の今も続いている。

「愛甲」の地名のルーツは鎌倉時代までさかのぼることができる。

駅から少し行った先に愛甲橋というバス停があり、「愛甲三郎館址《あいこうさぶろう》」と刻まれた小さな石碑がある。愛甲氏は、小野妹子《おののいもこ》の末裔といわれ、鎌倉幕府を開いた源頼朝の御家人として重用された弓の名人・愛甲三郎が石碑に刻まれた人物で、そもそもの「愛甲」の地名の由来となったといわれている。

「石田」の地名の由来も、歴史は古い。語源は「美しい」をあらわす「イシ」から「美しい田」を意味するというが、こちらの伝承は、平安末期までさかのぼる。『吾妻鏡』のなかで、平安時代の末期の武将・木曽義仲《きそよしなか》を討った人物として記述されている石田次郎為久が、この石田郷の祖になった人物だという。

これらはあくまでも伝説だが、「愛甲」も「石田」も、平安から鎌倉にさかのぼる由緒のある地名であり、境界上の駅の名にふさわしいといえるであろう。

かつて海老名駅で電車が駅をスルーしていた謎

海老名
えびな
OH 32

小田原線海老名駅の駅前には、東口に一四〇以上の店舗が入居する巨大なショッピングモールがあり、周辺には高層マンションが建ち並ぶ。海老名駅の一日の平均乗降人員数は一二万人を越え、小田急全線のなかでも利用者が多い駅の一つに数えられる。

そんな海老名駅だが、開業当時は「電車が通過する」不思議な駅だった。

海老名駅が誕生したのは、一九四一（昭和一六）年。小田急電鉄小田原線と神中《じんちゅう》鉄道（現・相模鉄道）が相互に乗り入れし、直通運転を行うためにつくられた。それまで小田原線には、現在の海老名駅から約一キロメートル新宿寄りの海老名国分《えびなこくぶ》駅があったが、神中鉄道の相模国分《さがみこくぶ》駅とは距離があり、乗り換えが不便で利用者から不評だった。そこで、共用駅の新設が計画され、海老名駅が設けられたのである。

海老名駅の開業後は、海老名国分駅は廃止が決まっていたが、地域住民から廃止反対の声が上がった。この地域には相模国分寺跡と相模国分尼寺跡があり、海老名国分駅はそれらにちなんだ駅名だった。

国分寺とは、奈良時代、聖武天皇が命じて全国に建立された寺院のことで、国分尼寺は出家した尼（女性）のための寺院である。住民には由緒ある海老名国分駅に愛着があった。

こうした声を受けて、小田急電鉄は小田原線海老名国分駅の存続を決定した。とはいえ、海老名国分駅と海老名駅は約六〇〇メートルしか離れておらず、どちらの駅にも停車しては非効率的である。そこで、海老名駅に停車するのは神中鉄道の列車のみとし、小田急小田原線の列車はすべて通過させることになった。

海老名駅新設に合わせて相模国分〜海老名間を延伸した神中鉄道は、同年から本厚木への直通運転を開始。神中鉄道自体の利便性は向上したものの、小田原線が停車しないため、乗り換えには河原口《かわらぐち》駅（現・厚木《あつぎ》駅）が利用され、新駅がその役目を十分に発揮できない状況が続いた。

一九四二（昭和一七）年五月に小田急を吸収合併した東京横浜電鉄は、一九四三（昭和一八）年三月三一日に海老名国分駅を廃止し、翌四月一日から海老名駅への停車を開始した。当時の日本では、交通企業同士の競合を避け一元的な運営を行う政策が進められていた。電力事業の国有化などによって苦境にあった小田急は、良好な関係にあった東京横浜電鉄社長の五島慶太《ごとうけいた》を経営陣に迎え、統合への道を選んでいた。海老名国分駅の廃止は、日本が戦時体制を深めていくなか、輸送の効率化が重視された結果だった。

海老名駅と海老名国分駅の位置関係図

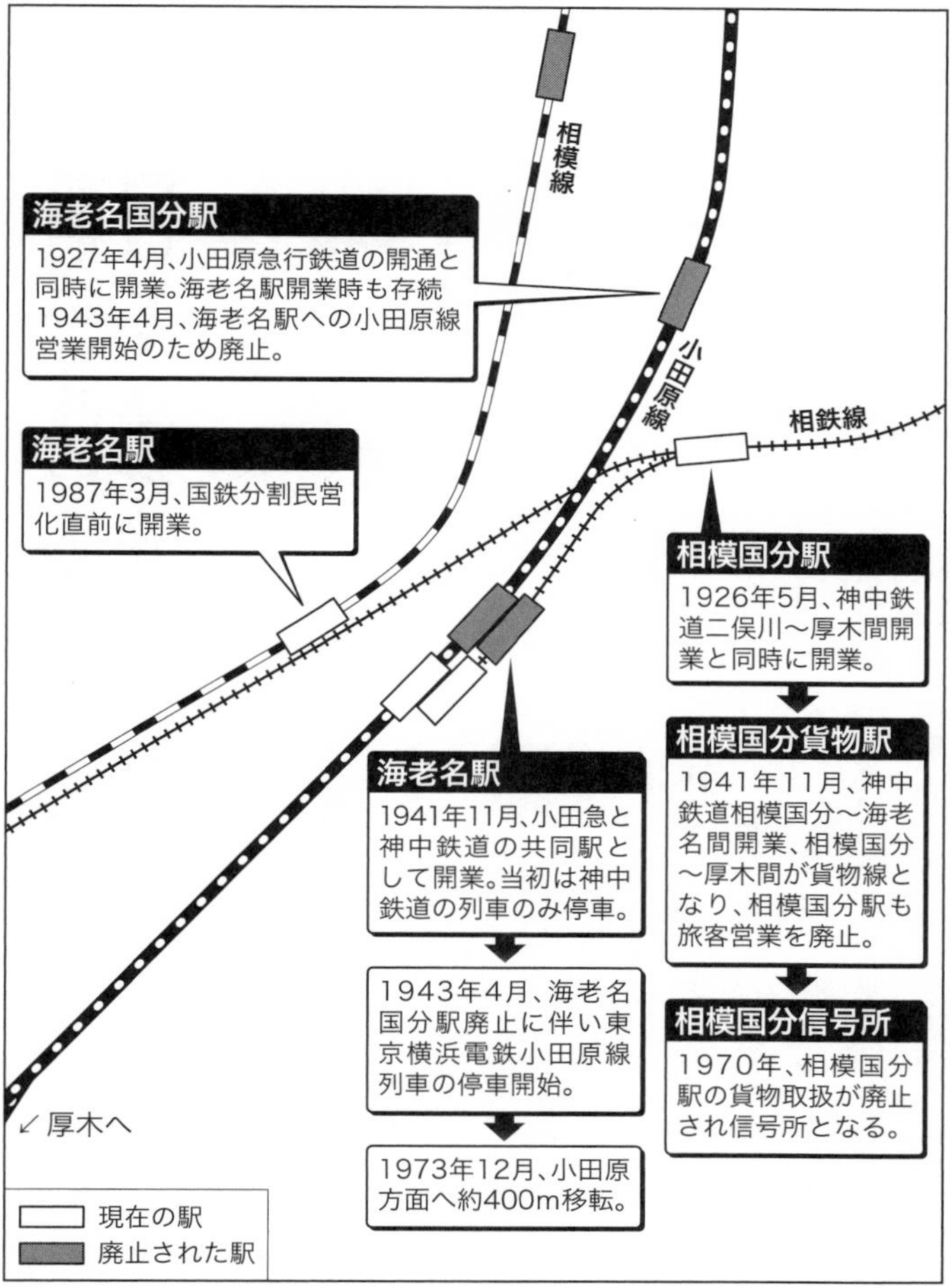

相模線
海老名国分駅
1927年4月、小田原急行鉄道の開通と同時に開業。海老名駅開業時も存続
1943年4月、海老名駅への小田原線営業開始のため廃止。
小田原線
相鉄線
海老名駅
1987年3月、国鉄分割民営化直前に開業。
相模国分駅
1926年5月、神中鉄道二俣川〜厚木間開業と同時に開業。
相模国分貨物駅
1941年11月、神中鉄道相模国分〜海老名間開業、相模国分〜厚木間が貨物線となり、相模国分駅も旅客営業を廃止。
相模国分信号所
1970年、相模国分駅の貨物取扱が廃止され信号所となる。
海老名駅
1941年11月、小田急と神中鉄道の共同駅として開業。当初は神中鉄道の列車のみ停車。
1943年4月、海老名国分駅廃止に伴い東京横浜電鉄小田原線列車の停車開始。
1973年12月、小田原方面へ約400m移転。
↙厚木へ
現在の駅
廃止された駅

海老名国分駅は、海老名駅の北、県道407号と小田急線の交差付近にあった。海老名駅は街道から離れた水田地帯に建設されたため、海老名国分駅の存続を望んだ住民が多かったようである。

新宿駅が改良工事後八年で再改良工事を強いられた事情

新宿
しんじゅく
OH 01

東京都庁もある新宿は、小田急サザンタワーや新宿テラスシティをはじめ、多くの商業施設が建ち並ぶ都内随一の繁華街だ。現在は、新宿駅西口では新宿小田急ビルを含む大規模な再開発が進行中である（一四ページ）。

日々姿を変える新宿西口だが、小田急電鉄のホーム構造には今の所変化はない。地下一階に各駅停車用ホームが三面二線、地上一階に優等列車用ホームを四面三線備えた二層構造のターミナル駅となっている。

現在の駅の基本的な構造は一九六四（昭和三九）年に完成したもので、それまでの地上四線から、二層構造の合計七面五線に作りかえるという大規模な工事は注目を集めた。ところが、わずか八年後の一九七二（昭和四七）年、新宿駅は再び大規模な改良工事の実施を余儀なくされる。なぜ、小田急は短期間に二度も大規模改良を行うことになったのか。

それは、日本の高度経済成長と小田急電鉄の利用者増加が、当初の予想をはるかに上まわる規模だったからである。だが、小田急には再工事を回避するチャンスがあった。

戦後の新宿駅の改良は、小田急がまだ東京急行電鉄《とうきょうきゅうこう》（現・東急電鉄）の一員だった一九四六（昭和二一）年に最初の計画が立てられた。これは東京急行電鉄の再編と小田急の独立の関係で具体化しなかったが、一九四九（昭和二四）年頃からは、戦災の影響でターミナルを新宿三丁目から新宿西口に移していた京王帝都電鉄（現・京王電鉄）との改良計画が構想された。これは、京王と小田急の用地をまとめて立体構造の駅をつくり、地上と地下で両社が一フロアずつ使用する案だったが、京王の同意を得られなかった。

昭和三〇年代に入ると、日本の高度経済成長が始まった。東急からの独立時に一日八万七〇〇〇人だった新宿駅の乗降客は、一九五九（昭和三四）年には一九万三〇〇〇人に倍増し、小田急は単独で新宿駅の改良・拡張に踏み切らざるを得なくなった。

しかし、小田急線新宿駅の用地は狭く、将来の輸送量増加に対応できる改良案の作成は困難を極めた。試案は二〇以上作成されたが、最終的に三案にまで絞られた。

第一案は、地下一階を京王帝都電鉄の駅と一体構造のコンコースとし、ホームは地上一階と地下二階に配置するもの。コンコースと乗り場を分離するのでホームを長く取ることができ、一二両編成に対応できる案である。ただし、地下から地上に上がる配線の都合上、南新宿駅は移転する必要があった。

第二案は、地下一階と地上一階にコンコースとホームを配置する立体構造で、地上は八両編成、地下は六両編成に対応できた。南新宿駅も施設の改良だけで済む。第三案は、地上一階に五線を並べる案で、ホーム幅が二～七メートルと極めて狭くなる代わりに八両編成に対応が可能だった。

このうち第三案は、ホーム幅が狭くては将来通勤・通学客をさばききれなくなることは明らかで、まず消えた。輸送力増強の観点からは第一案が理想的だったが、南新宿駅の移転など極めて大規模な工事となり、費用も第二案のほぼ倍額の十数億円が見込まれた。

第二案は、やや中途半端な案ではあったが、当時は「昭和四〇年代には郊外への人口拡大は一段落し輸送量の増加は鈍化する」という予測があった。予測通りなら、地上八両、地下六両の五線があれば十分。こうして第二案が採用となり、一九六〇（昭和三五）年三月に起工式が行われて新宿駅改良工事がスタートした。

工事は、新宿～南新宿間の七七〇メートルに及ぶ区間に対して行われ、一日約六五〇本の列車が発着し、二一万人が乗降する新宿駅の営業を止めることなく行うという困難なものとなった。それでも、四年後の一九六四年に新しい新宿駅が竣工し、二月一七日に竣工式が行われた。

ところが、思いがけないことが起こる。小田急の輸送量は、工事前の需要予測を大きく上まわり、昭和四〇年代に入っても留まるところを知らなかった。着工時に二一万人だった新宿駅の乗降客数は、一九七〇（昭和四五）年には「さらに倍」となる一日四六万三〇〇〇人を記録。車両を大型化しても全く追いつかず、一九七二年、小田急は一〇両編成運転を前提とする、新宿駅の再改良を決断するのである。前回の改良工事から八年しかたっておらず、社内には同じ技術者が大勢いる。彼らは、自分たちが苦心して設計・建設した新宿駅を、自分たちの手で再び一部を壊し、作り直すことになった。当時としては仕方がなかったこととはいえ、「あの時、あと一〇億出して第一案を採用していれば」と歯がみをした関係者は多かったという。

再改良工事は、地上・地下のホームを南新宿寄りに約四五メートル延長して二一〇〜二二〇メートルとし、一〇両編成に対応させるものだった。地上ホームだけであれば、単純にホームを延長すれば済むが、地下ホームを延長する場合、地上に上がってくる線路構造物全体を作り直さなくてはならない。また、地下線全体が移動するので、前回は見送られた南新宿駅の移転が結局実施されることになった。

一九七二年九月に起工式が行われた新宿駅再改良工事は、実に一〇年もの工期を費やし、一九八二年四月に竣工式が行われた。

新宿駅の利用者は、コロナ禍によって大きく減ったが、二〇二二年現在は一日四一万人が利用している。

どちらも特急ロマンスカーが通過する二つの「足柄駅」の不思議

足柄
あしがら
OH 00

小田原線足柄《あしがら》駅は、小田原駅の一つ手前にある神奈川県小田原市内の駅である。一日の平均乗降人数は三五八九人（二〇二二年度）と、小田急電鉄で二番目に少ない。

ＪＲにも足柄《あしがら》駅がある。東海道本線国府津駅と沼津駅とを結ぶ御殿場線の駅で、こちらは静岡県小山町《おやまちょう》にある。童話「金太郎」の舞台になった金時山《きんときやま》登山の玄関である。

どちらも箱根エリアにある駅だが、乗り換えることはできない。直線距離で一七㎞、足柄峠を隔てて二七㎞も離れている。福島駅（東北本線／大阪環状線）や高松駅（予讃線／七尾線／多摩モノレール）のように、全国には全く同じ名称の駅が存在するが、多くは遠く離れた駅同士である。足柄駅のように比較的近い同一名称の駅は珍しい。

旅客駅として先に誕生したのは、実は小田急の足柄駅である。一九二七（昭和二）年、小田原線の開業と同時に設置された駅で、その名称は当時この辺りが足柄下《あしがらしも》郡足柄村だったことに由来する。足柄村は、一九〇八（明治四一）年に四つの村が合併して誕生したが、一九四〇（昭和一五）年、小田原町などと合併して小田原市となった。

住宅地の路地奥にあるような立地の小田原線足柄駅。車両基地観察や廃線跡散策を楽しめる。伊豆箱根鉄道五百羅漢駅や井細田駅は徒歩圏内だ。

御殿場線足柄駅前には、2022年に金太郎像が登場。地元の高校生やこどもたちが中心となり、「仲のよい金太郎と熊」をイメージして作られた。

御殿場線足柄駅は、一九〇三（明治三六）年に足柄信号所として開設されたのが始まり。移転のうえ旅客駅に昇格したのは、戦後の一九四七（昭和二二）年。こちらも、一八八九年（明治二二）年に成立し一九五五（昭和三〇）年に小山町に編入された駿東《すんとう》郡足柄村が由来である。かつて、横浜線に相模原駅が開業した時には小田原線の相模原駅が「小田急相模原駅」に改称した（一八二ページ）が、国鉄足柄駅が開業した時には、そうした話はなかったようだ。

どちらの足柄駅も住宅地にあるが、駅舎に特徴があるのは御殿場線の足柄駅だ。二〇二〇年にリニューアルした駅舎は、新国立競技場も手がけた隈研吾《くまけんご》氏によるデザインで、地域交流センターを併設。富士山を正面に望む大階段状のフリースペースで、テーブルや椅子が備えられて誰でも自由にくつろげる。

小田原線の足柄駅は、小さな車両基地を併設していることが特徴で、運がよければロマンスカー車両を間近に見られることも。車両基地横の遊歩道は、かつて日本専売公社《にっぽんせんばいこうしゃ》小田原工場に続いていた貨物線の跡である。

現在、御殿場線足柄駅は新宿駅から直通する特急「ふじさん」が、小田原線足柄駅は特急「はこね」「さがみ」などが通過する。とくに「ふじさん」や「メトロはこね」に使われる六〇〇〇〇形MSEは、二つの「足柄駅」を日常的に通過する。

第四章

何がどうしてこうなった？
謎の路線の形成史

東京・神奈川・東京……都県境を何度もまたぐ路線

小田原線

東京都と神奈川県を結ぶ小田急電鉄小田原線。では、東京都と神奈川県の都県境はどこで越えるのだろうか。

このクイズの答えは一つではない。小田急小田原線は、都県境を実に七回、数え方によってはなんと一一回も越えるのである。

下り列車が最初に都県境を越えるのは、和泉多摩川《いずみたまがわ》～登戸間だ。多摩川に都県境があり、電車は神奈川県川崎市多摩区に入る。

ところが、登戸から六駅先の柿生駅から、様子がおかしくなる。柿生～鶴川間で三回、鶴川～玉川学園前間で二回、都県境を越える。最終的に町田～相模大野間で神奈川県相模原市に入り、都合七回。柿生～玉川学園前間では、わずか四・五キロメートルの間に五回も二つの都県を行ったり来たりする。

この奇妙な状況は、鶴川駅の南側にある、神奈川県川崎市麻生《あさお》区岡上《おかがみ》の存在が主な原因だ。岡上地区は、南側を神奈川県横浜市青葉《あおば》区、東・北・西の三方を東京都町田市に囲ま

川崎市の飛び地岡上地区と小田原線

岡上地区は、周囲を町田市と横浜市に囲まれた川崎市の飛び地だ。その市境をかすめるように小田原線が通っているため、県境を何度もまたぐ不思議な路線となったのである。

れ、川崎市の他の地区とは接していない飛び地になっている。小田急線は、いったん登戸で川崎市に入ったあと、町田市と岡上地区の境界付近をなぞるように線路が敷かれているため、何度も都県境を通過してしまうのである。

地図を見ると、岡上地区が飛び地になっているだけでなく、東側の町田市三輪《みわ》地区も三方を横浜市と川崎市に囲まれた飛び地のような形になっている。これは、多摩地区の歴史が関係している。

江戸時代、この地域は多摩郡と都築《つづき》郡に分かれてたくさんの村があったが、明治維新後の廃藩置県によっていったんすべて神奈川県に編入された。

一八八九（明治二二）年、市町村制が施

行されて、都築郡の一〇村が合併して「都築郡柿生村」が、多摩郡を分割した南多摩郡の八村が合併して「南多摩郡鶴川村」が誕生した。この時、都築郡に属しながら単独で村制を敷いたのが岡上村だった。岡上村はもともと多摩郡に属していたが、道が通じている柿生との結びつきが強く、江戸時代に都築郡に移管していた。

一八九三（明治二六）年、南多摩郡が、西多摩郡・北多摩郡とともに神奈川県から東京府に移管される。これは、玉川上水をはじめとする東京の水源を東京府自ら確保・管理することが主な目的だった。この時、三輪地区の住民から神奈川県への編入を求める声があがったが、東京府が反対し実現しなかった。こうして、三輪地区が神奈川県にくい込み、岡上地区が東京都にくい込むような、複雑な都県境ができあがった。その後、一九三八（昭和一三）年には都築郡の村が川崎市と横浜市のいずれかへの編入をすることになり、岡上村は柿生村と共に川崎市を選択。飛び地となった。

そこへ、敷設されたのが小田原急行鉄道である。それまでに開業した私鉄の多くは、東海道や甲州街道といった、古くからの街道に沿って路線が建設されていた。一方小田急は街道にこだわらず、東京から登戸、町田、厚木、伊勢原といった都市を最短距離で結ぼうとした。その結果、登戸から町田までの丘陵地帯を最短距離で結ぶルートとして、南多摩郡と都築郡の境界付近を通過することになったのである。

地元出身の有力政治家の力で鶴川経由に

鶴川〜玉川学園前間で、小田急線は約四〇〇メートルにわたって都県境上を走行する。

小田急線がここを通過することになったのは、鶴川出身の政治家、村野常右衛門《むらのつねえもん》の力があったといわれている。当初、小田原急行鉄道は柿生からまっすぐ南下して、三輪地区、岡上地区を経由して町田方面に向かうルートが検討されていた。そこへ、自由民権運動などを通じて小田急創業者の利光鶴松とも親交があった村野が、地形上有利であるとして鶴川村経由を働きかけたのである。鶴川村の西側には標高八〇メートルほどの丘陵地がある。鶴見川沿いの平地を西に進み、丘陵地の手前で南に進路を変えて、谷間の農耕地だった府県境付近を南下すれば、険しい勾配区間を極力避けて町田まで最短のルートをとれる。都県境を何度も越える不思議なルートはこうして誕生した。

なお、冒頭で紹介した「数えようによっては一一回」というのは、鶴川〜玉川学園前間の都県境沿いの区間に関係している。二〇一九年頃まで、この区間の住宅地図は都県境が現在よりも細かく記され、小田急線の線路を都県境がジグザグに五回も通過するように記載されていたのである。グーグルマップなどにも記載されていたが、現在では記載が簡略化され、都県境は線路に沿ってまっすぐ引かれている。

実現へ向けて動き出すか 多摩線延伸計画

多摩線は小田急線でもっとも新しい路線で、神奈川県川崎市麻生区の新百合《しんゆり》ヶ丘《がおか》駅と、東京都多摩市の唐木田《からきだ》駅を結んでいる。だが、将来、唐木田駅が終着駅ではなくなる日が来るかもしれない。多摩線を延伸してＪＲに接続する計画があるからである。

延伸区間は、約八・八キロメートル。唐木田駅からＪＲ横浜線相模原駅を経由し、ＪＲ相模線の上溝《かみみぞ》駅に至るというものである。この構想は、二〇〇〇（平成一二）年の運輸政策審議会答申第一八号において、横浜線・相模線方面の延伸が「今後整備を検討すべき路線」として位置づけられたことに始まる。二〇〇六（平成一八）年には、在日米軍の再編協議において、相模原市にある在日米軍相模総合補給廠《しょう》の一部返還が決まり、唐木田〜相模原間の延伸が可能になった。同年一一月、相模原市と町田市は「小田急多摩線延伸検討会」を発足。二〇一四（平成二六）年五月、両市は多摩線延伸に関する覚書を締結した。二〇一六（平成二八）年には「小田急多摩線延伸に関する関係者会議」が発足し、より具体的なルート案や採算性などを検討、二〇一九（令和二）年五月に報告書が公表された。

多摩線における延伸計画図

現在相模原市には新宿から小田急小田原線と京王相模原線が通じているが、市役所などがある相模原駅はJR横浜線のみ。小田急多摩線の延伸を望む声は強い。

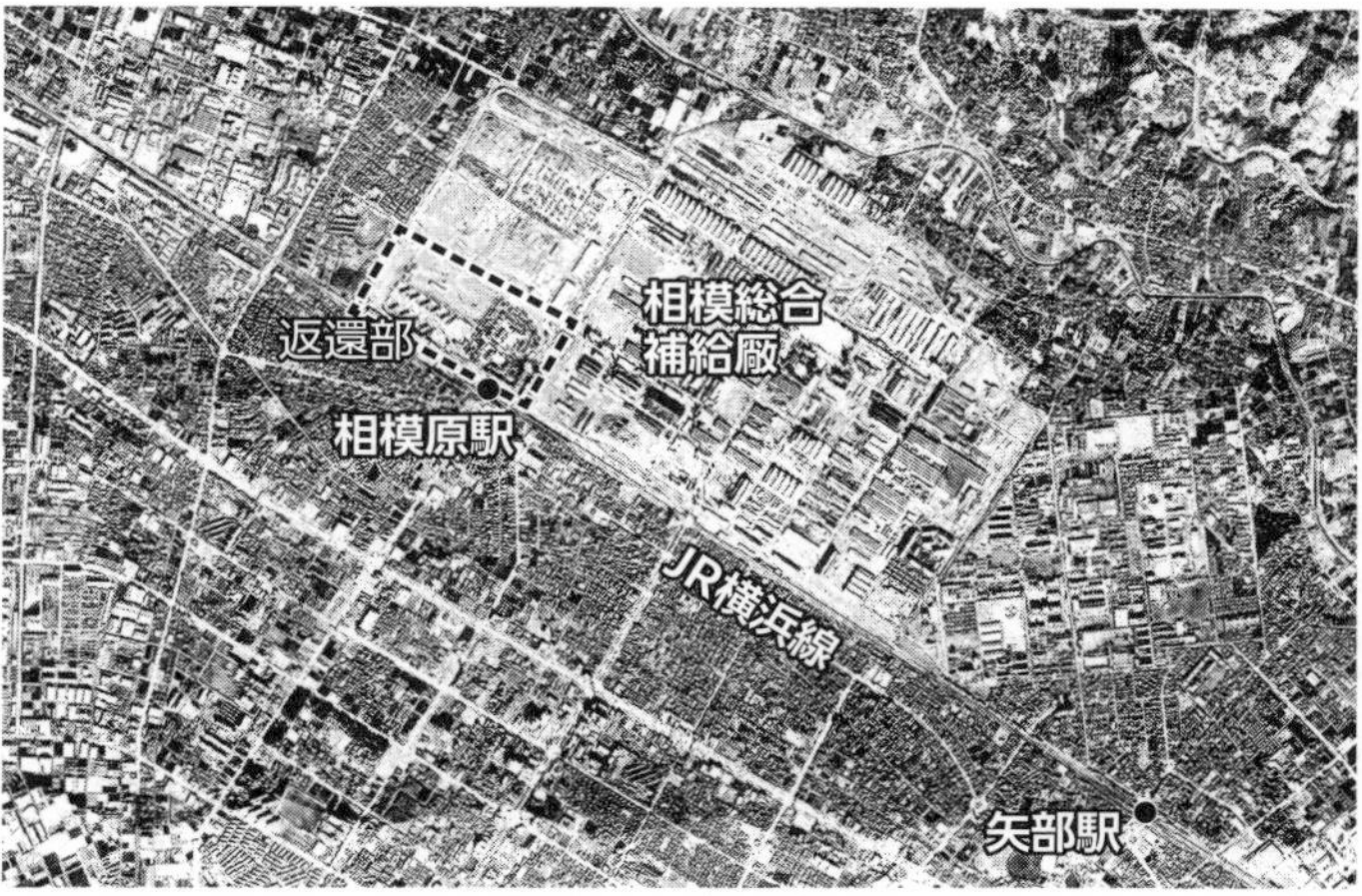

相模総合補給廠の空撮写真。相模原駅北側の、米軍住宅として使われていた地域と南北に伸びる補給廠イ号道路付近が返還された。(地理院地図)

新線は喜多見駅の先にある小田急電鉄喜多見検車区唐木田出張所（唐木田車庫）から線路を延長する。このあたりは標高一五〇メートルほどの丘陵地帯で、鶴見川《つるみがわ》の水源にあたることから環境を保全したうえでトンネルと高架橋で通過。町田市小山田《おやまだ》地区に駅を設置し、相模原市中央区の米軍相模総合補給廠跡地の道路下をトンネルで通過して地下に設置される相模原駅へ。さらに県道五〇三号の地下を南下し、上溝駅に至る。このほか、多摩センター駅を二面四線に拡張して追い越しや折り返し列車を設定しやすくする。

延伸計画が実現すると小山田周辺～新宿間は四六分となって現在よりも二七分も短縮。相模原から新宿へは四八分となって一二分短縮される。

もっとも、報告書は採算性の問題も指摘している。概算建設費は一三〇〇億円で、建設費を償却する累積資金収支は黒字転換まで四二年かかるとされた。国の支援を受けて事業化するには、累積資金収支が四〇年以下に収まらなくてはならない。

関係者会議では二〇三三年までに唐木田～相模原間を先行開業させる案を提示している。同区間であれば、二五年での黒字化が可能だが、相模原～上溝間の延伸は難しくなる。

相模原市中心部や町田市小山田地区は、従来都心への直通手段がなかったが、多摩線の延伸が実現すれば劇的に便利になる。小田急自身はまだ延伸に対して慎重だが、早期の実現が望まれるところである。

世田谷代田
せたがやだいた
OH 08

京王井の頭線を救った代田連絡線の活躍

京王井の頭線は、東京都渋谷区にある渋谷駅と武蔵野市《むさしの》の吉祥寺《きちじょうじ》駅という二つの繁華街を結ぶ京王電鉄の路線である。現在はほかのどこの路線とも線路がつながっていない完全に独立した路線として知られるが、戦後の一時期、小田原線と接続していたことがある。井の頭線の代田二丁目《だいたにちょうめ》駅（現・新代田《しんだいた》駅）と小田原線の世田ヶ谷中原《せたがやなかはら》駅（現・世田谷代田駅）を結ぶ代田連絡線である。

二つの路線がつながったのは、一九四五（昭和二〇）年五月の大空襲がきっかけだった。空襲により井の頭線の永福町《えいふくちょう》車庫が罹災し、電車二九両のうち、二四両が全焼、それ以外も半焼と、車両のほとんどを焼失するという壊滅的な打撃を受けた。

被災車両の搬出や応援車両を送ろうにも、当時から井の頭線は単独線で、運び出すことができない。井の頭線は、帝都電鉄が開業させた路線だが、その後小田急に吸収され、その小田急も当時は東京急行電鉄（現・東急電鉄）の一員だった。そのため、東急が井の頭線と小田原線を結ぶ連絡線を敷設することになった。もっとも近い下北沢は地形上接続が難しかったため、接続駅として選ばれたのが世田ヶ谷中原駅だった。

工事はスピード重視で進められた。六月には陸軍の工兵隊による突貫工事で、世田ヶ谷中原駅と代田二丁目駅を結ぶ単線の連絡線が完成。早速、デハ一二〇六などの小田原線の車両や国鉄からの借入車が連絡路を通って井の頭線に運ばれた。その一方で、井の頭線の車両は同連絡線を通って小田原線経堂工場に搬入され、修繕された。

井の頭線を救うためにつくられた代田連絡線だったが、戦後は逆に、井の頭線から小田原線に電車が融通されることもあった。

戦後、井の頭線は京王帝都電鉄となって小田急とは別の会社になり、代田連絡線は京王の路線となった。それでも、横浜にあった東急の車両工場へ被災車両を搬出したり、一三〇〇形・一八〇〇形といった新製車両を同工場から井の頭線へ輸送する際には、相鉄線～小田原線～代田連絡線というルートが活用された。しかし、戦時強制収用によって用地を提供していた地主から返還要求が出されたこと、橋梁などの施設が老朽化していたことなどから一九五二（昭和二七）年に使用停止となり、翌年すべての施設が撤去された。

再び孤立路線に戻った京王井の頭線は、現在すべての車両を、陸送によって輸送している。夜中に工場や港からトレーラーで永福町の車両基地まで運び、クレーンで線路に吊り降ろしているのである。

多摩線の分岐予定地は、当初喜多見駅だった⁉

喜多見
きたみ
OH 15

東京都世田谷区と狛江市にまたがる小田原線喜多見駅は、一九二七（昭和二）年の開業で、現在は駅北側の野川《のがわ》沿いに車両基地と車両検修施設を併設している。最新型車両の五〇〇〇形や、ロマンスカー車両の七〇〇〇〇形ＧＳＥなどが配置されている。

その喜多見駅は、かつて多摩線の分岐点となる予定だった。

多摩線の歴史は、多摩ニュータウンの開発計画の基本方針が決まった一九六四（昭和三九）年に始まる。この年、小田急電鉄と京王帝都電鉄（現・京王電鉄）、西武《せいぶ》鉄道の三社が、多摩ニュータウンへの新線建設を出願した。小田急が申請したルートは、喜多見駅から分岐し、京王線調布《ちょうふ》駅の南で多摩川を渡り、ニュータウンの北側を通って橋本《はしもと》から城山《しろやま》町《まち》（現・相模原市緑《みどり》区）に至るというものであった。喜多見が分岐駅に選ばれたのは、営団地下鉄（現・東京メトロ）九号線（現・千代田線）が代々木上原から喜多見まで乗り入れることが内定していたからで、実現すれば多摩ニュータウンから都心への直通運転が可能だった。

一方の京王電鉄は、調布駅から分岐して多摩ニュータウンの北側を通り、横浜線橋本駅を経由して津久井湖畔《つくいこはん》の相模中野《さがみなかの》に至るルートを、西武鉄道は武蔵境《むさしさかい》から分岐する多摩川線を是政《これまさ》駅から延伸させて多摩ニュータウンに至るルートを申請した。このうち西武鉄道は、都心へ向かうには国鉄中央線に乗り換える必要があるうえ中央線の混雑を助長するとして出願を取り下げた。この結果、三〇万人以上と想定する膨大な居住者を輸送するため、小田急と京王の二社が新線を建設することになった。

ところが、二社の想定ルートが稲城《いなぎ》・よみうりランド地区においてほぼ重複してしまうことが問題になった。ニュータウン開発者側は、小田急に対して百合ヶ丘付近から分岐するルートを要請したが、このルートは起伏が多く、トンネルが増えることが問題だった。京王との調整は難航したが、まず競合しない喜多見〜稲城本町《いなぎほんまち》間が免許され、その後一九六六（昭和四一）年に城山町までの全区間が免許された。だがこの頃になると、小田原線の相模大野までの複々線化が議論されるようになり、小田原線の線増と多摩線で二本も多摩川を渡る橋梁を作るのは不経済だという意見が大勢を占め、百合ヶ丘付近で分岐し、黒川を通って多摩ニュータウンに至る現在のルートが決定した。

なお、喜多見に確保されていた用地は、のちに直営テニスクラブに転用され、その後は車両基地と公園として整備されている。

かつて南武線と小田急線が車両の貸し借りに使っていた連絡線

登戸
のぼりと
OH 18

その昔、別の電鉄会社間で車両を貸し借りするという時代があった。それは小田急も同様で、登戸駅付近に南武《なんぶ》鉄道（現・ＪＲ南武線）との連絡線で受け渡しをしていた。

その連絡線は、もともと砂利輸送のために敷かれた線だった。

沿線に人口の少なかった戦前は、東京近郊の電鉄会社にとって砂利輸送も重要な収入源であり、小田急は神奈川県の相模川《さがみがわ》で採取した砂利を、座間停車場（現・相武台前）で集荷し、東北沢と新宿に運んでいた。基点となる停車場や駅には、引き込み線が敷かれ、貯蔵のためのホッパー設備もあった。

一九三五（昭和一〇）年頃には砂利の需要が増し、小田急は横浜、川崎方面にも貨物列車が運行できるよう、南武鉄道とのあいだで連絡線の敷設について協定を結んだ。

そして一九三七（昭和一二）年には、小田急線の稲田多摩川（現・登戸駅）と南武線の宿河原《しゅくがわら》駅とのあいだに、長さ約一キロメートルの連絡線を敷き、川崎方面への砂利輸送を開始した。

しばらくすると、連絡線は砂利輸送のために使われるだけでなく、車両の貸し借りにも利用されるようになった。小田急が南武鉄道から車両を借りたり、南武鉄道が小田急から車両を借りたりといったことが頻繁に行なわれ、登戸の連絡線を使って車両の受け渡しをしていたのである。当時の小田急と南武鉄道は、車両の大きさも扱いもよく似ていたため、問題なく行えたのだという。

一九四四（昭和一九）年に南武鉄道が国鉄に買収されてからは、車両の貸し借りはなくなったが、一九四七（昭和二二）年に一度だけ、小田急の一六〇〇形が南武線に貸し出されている。

南武線の輸送状況が逼迫《ひっぱく》していたものの、当時の南武線は国鉄の車両が入線できず、改良工事を待つ余裕もなかった。そこで国鉄は小田急から一六〇〇形を借り、小田急には国鉄のモハ三一やクハ五五、翌年には休車状態になっていたモハ一一二、一一三、一一四を貸し出している。

南武線の改良工事が完成した後は、車両のやりとりもなくなり、連絡線は休止状態となった。一九六一（昭和三六）年頃には、川崎市の都市計画で市道が新しくつくられることになり、連絡線はとり外され、用地も売却された。正式に廃止となったのは一九六七（昭和四二）年で、連絡線のあった場所の多くが道路となり、今では痕跡も残っていない。

南武連絡線と砂利連絡線

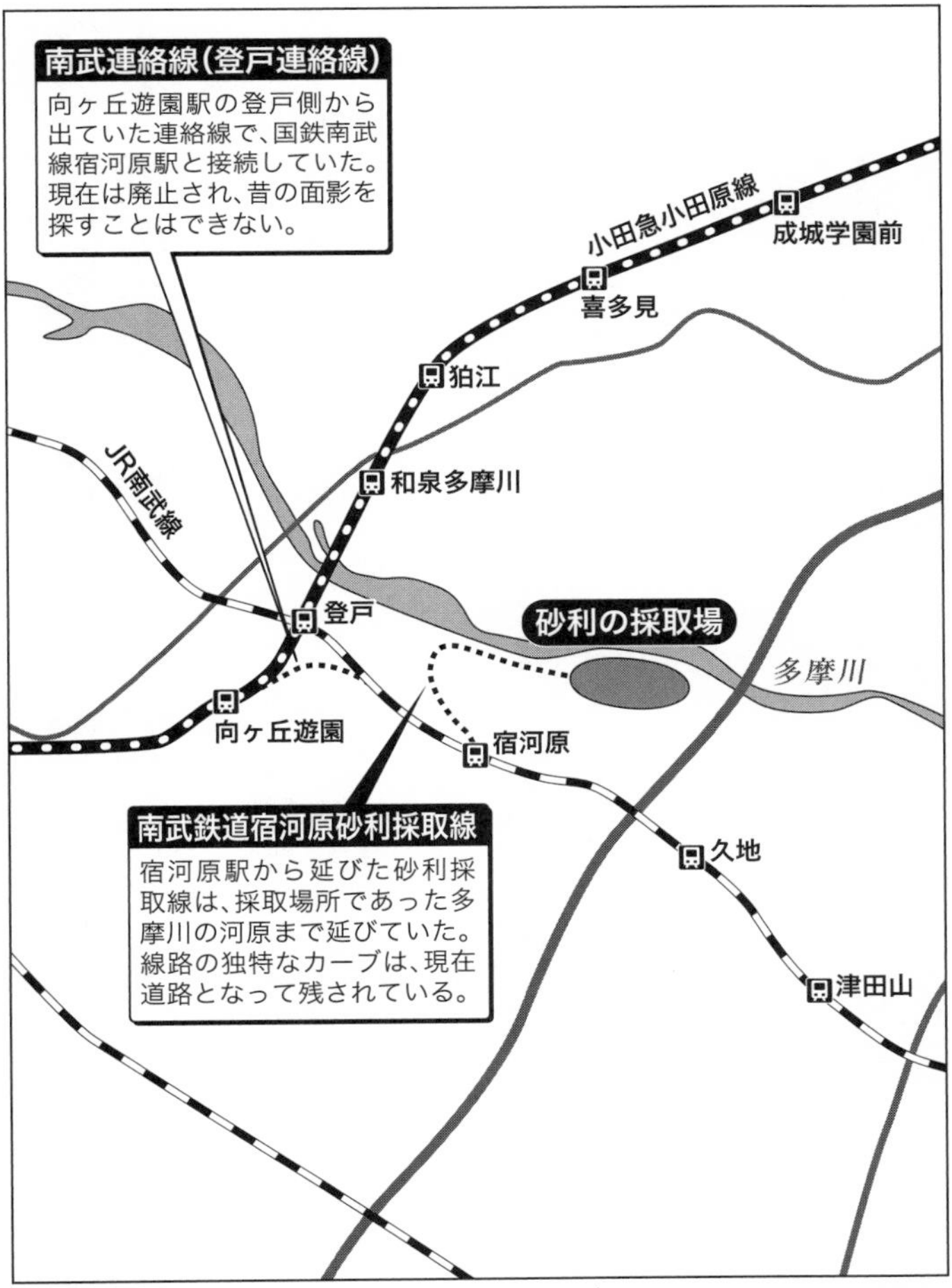
南武連絡線（登戸連絡線）
向ヶ丘遊園駅の登戸側から出ていた連絡線で、国鉄南武線宿河原駅と接続していた。現在は廃止され、昔の面影を探すことはできない。
小田急小田原線
成城学園前
喜多見
狛江
和泉多摩川
JR南武線
登戸
砂利の採取場
多摩川
向ヶ丘遊園
宿河原
南武鉄道宿河原砂利採取線
宿河原駅から延びた砂利採取線は、採取場所であった多摩川の河原まで延びていた。線路の独特なカーブは、現在道路となって残されている。
久地
津田山

今は名残もないが、かつて、小田急・向ヶ丘遊園駅の程近くから、JR南武線宿河原駅の手前までを結ぶ路線が存在していた。同様に、南武線宿河原駅からは、砂利採取のための専用線が多摩川沿いまで走っていた。

「南新宿」駅が、名前と場所を何度も変えられたのはなぜ？

南新宿
みなみしんじゅく
OH 02

小田原線南新宿《みなみしんじゅく》駅は、徒歩で新宿駅に行ける距離のため、都心にありながらどちらかというと乗降客が少ない駅の一つである。だが、駅周辺には商店街が続いて各種学校が多く、落ち着いた雰囲気がある。

その南新宿駅は、開業してから二度も駅名が変えられた上、場所まで移動させられるという不遇の時代があった。

一九二七（昭和二）年の開業時の駅の名は、千駄ヶ谷《せんだがや》村の西南端にある新田に位置していたため「千駄ヶ谷新田《せんだがやしんでん》」といった。そして同じ年の一二月、すぐそばに小田急ビルが完成して、ここが本社となる。

一九三七（昭和一二）年、千駄ヶ谷新田駅は「小田急本社前駅」と改称された。なぜこの時期に改称されたのかは明らかでない。一九三二（昭和七）年、豊多摩《とよたま》郡に属していた渋谷町・千駄ヶ谷町・代々幡町《よよはたまち》の三町が合併して渋谷区が発足した際、千駄ヶ谷新田一帯は千駄ヶ谷五丁目となった。新しい地名が定着し、「千駄ヶ谷新田」という名称が実態にそぐわなくなってきたことから改称に踏み切ったと考えるのが自然であろう。「千駄ケ谷」はすでに中央線の駅名として定着しているうえ、代々木駅にも近いことから、地名を避けて自社の施設名をつけたのではないだろうか。

さらに一九四二（昭和一七）年に、小田急が東京横浜電鉄などと合併して東京急行電鉄となった「大東急」時代に入ると、「南新宿」へと改称される。所在地は渋谷区だったが、代々木一帯は新宿の経済圏にあり、実態に合わせて名づけられたのだ。

南新宿駅に改称された当時は、上りホームは本社ビルの横で、下りホームは踏切をはさんだ斜め先の位置にある千鳥《ちどり》配置が採用されたが、のちに上りホームが移動して、相対式ホームとなった。

南新宿駅の転換期は、一九七三（昭和四八）年に再度やって来た。新宿駅の大規模な拡張工事（九八ページ）の結果、一五〇メートルほど小田原寄りに移転した。このとき駅舎は、現在の線路下コンクリート構造となった。

現在では、小田急本社は新宿新都心と海老名に移転・分散しており、南新宿駅は「小田急電鉄のお膝元」ではなくなった。一日の平均乗降人数は三五八八人で、小田急の全七〇駅中最下位である（二〇二二年度）。これは、南新宿駅が代々木駅に近すぎるためともいえる。周辺は古くからの住宅地で、当駅の存在価値は決して低くない。

なぜ新百合ヶ丘駅は勾配のきつい丘陵地につくられたのか!?

新百合ヶ丘
しんゆりがおか
OH 23

小田急のなかで一番新しい路線である多摩線を新設するにあたり、重要課題となったのが、分岐する新駅の設置だった。

一九六七（昭和四二）年、小田原線から多摩線に分岐する場所として、百合ヶ丘が選ばれたのだが、当時の百合ヶ丘から柿生にかけての線路は、鶴川街道に沿って山を迂回していた。それだけでなく、一〇〇〇分の二五の急勾配に加え、半径三六〇メートルの急なS字カーブを描くように敷かれていた。

駅の設置場所として、適しているとはとてもいえない場所だったが、分岐は必須である。そこで丘陵を削り、線路を南側に移して約三〇〇メートル短絡化し、三面六線の新駅を設置するという大規模な工事が行なわれることとなった。

工事は四年がかりで、ことに土木工事は、周辺の土壌が稲城砂《いなぎすな》と呼ばれる水に弱い性質の砂を含んでいたため困難を極めた。

難工事の連続だったが、一九七四（昭和四九）年、ついに丘陵地のなかに三面六線を有

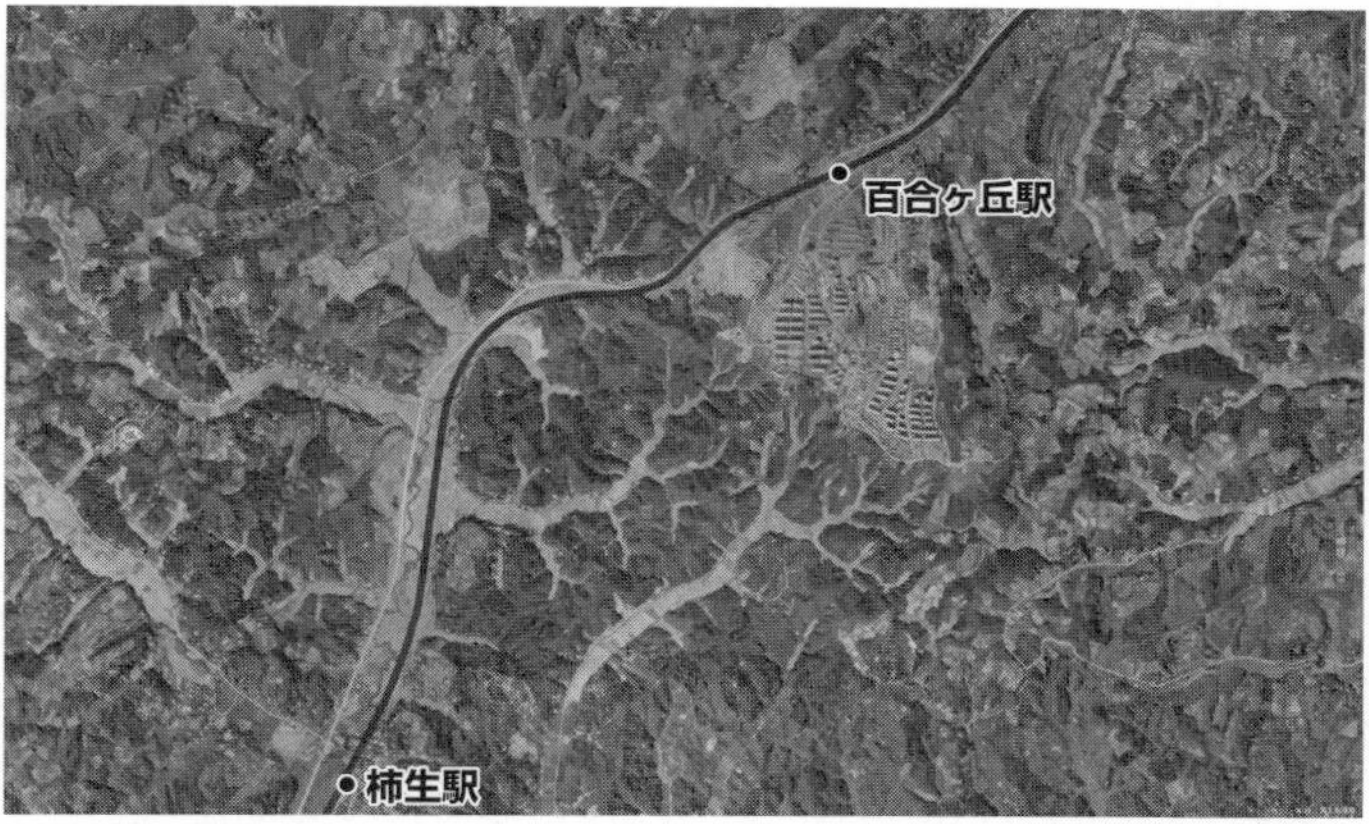

1961年の航空写真。新百合ヶ丘駅も多摩線もなく、小田急線は丘陵の北西部を迂回している。（地理院地図）

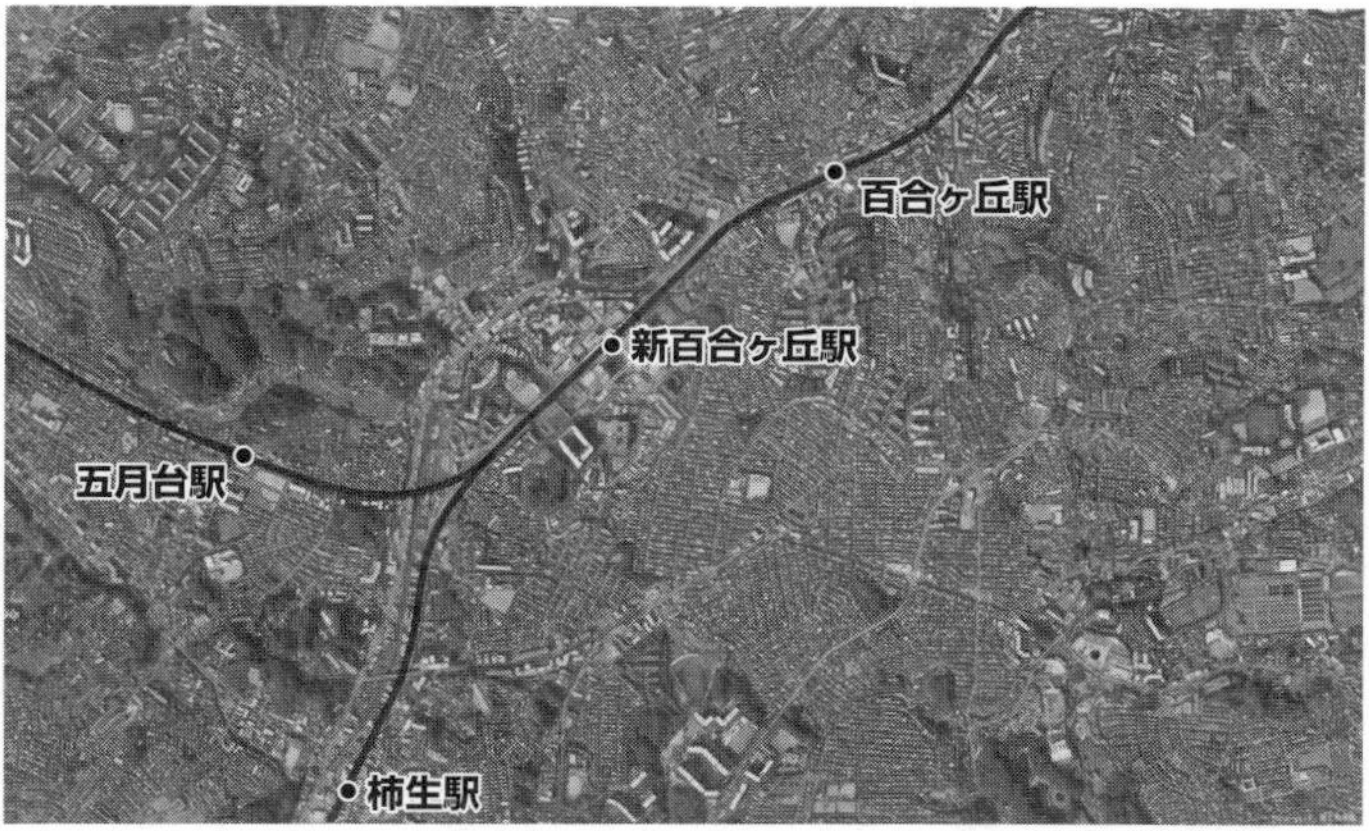

2019年の航空写真。小田急線が丘陵部を突っ切って新百合ヶ丘駅と多摩線を建設。丘陵部含めてほとんどが宅地化されている。（地理院地図）

する新百合ヶ丘駅が開業した。

当時の新百合ヶ丘駅は、駅周辺に民家が少なく、乗降を扱わない乗り換え専用の駅にするという構想もあったほど利用者が少なかった。急行が停車するにもかかわらず、道もなく、荒野の一軒家さながらの光景が広がっていたという。駅前の開発計画はあったが、土地造成の完成を待たなくてはならず、すぐにとはいかなかった。

だが、開業から一〇年近くたった一九八三（昭和五八）年には、駅前に川崎市の麻生区役所が置かれ、路線バスのターミナルが整備された。

さらにショッピングセンターやシネコンも進出し、新百合ヶ丘は川崎の北部副都心として急速に発展したのである。

現在の新百合ヶ丘駅では一日の乗降客が一〇万人を超え、特急ロマンスカーも停車する大きな駅となった。

新百合ヶ丘駅は、小田原線用の島式ホームが上下線に各一本あり、その中央に多摩線の島式ホームがある。緩急接続を行いつつ、多摩線の列車が小田原線を妨げることなく発着できる十分な規模を備えた駅で、小田急に先見の明があったといえるだろう。

第五章

誰もが知りたかった！
小田急電鉄の秘密

小田急全線

小田急のルーツは丸ノ内線にあり？幻となった地下鉄構想とは

池袋《いけぶくろ》駅と荻窪《おぎくぼ》駅を結ぶ本線と、中野坂上《なかのさかうえ》駅で分岐し方南町《ほうなんちょう》駅に至る分岐線からなる東京メトロ丸ノ内線は、東京都心の重要な通勤路線である。実は、小田急電鉄の歴史は、この丸ノ内線と酷似する地下鉄構想から始まった。

それが、大正時代に小田急の創始者である利光鶴丸が設立した「東京高速鉄道」である。大分県に生まれた利光は、弁護士から政治家に転身し、三〇代から衆議院議員として活動していた。明治二〇年代に馬車鉄道の創設を企図するなど、近代交通の将来性に早くから着目していた利松は、一八九九（明治三二）年、東京都電車の前身の一つである東京市《とうきょうし》街鉄道《がいてつどう》の設立に参画する。

東京の急速な発展により東京市街鉄道は競合他社とともに東京市に買収され、「東京市電」となったが、大正時代中頃になると、市電では増え続ける輸送需要に応えきれなくなってきた。

そこで注目されたのが、地下トンネルを高速で走行する地下鉄道だった。都市交通に精

丸ノ内線と東京高速鉄道路線の比較

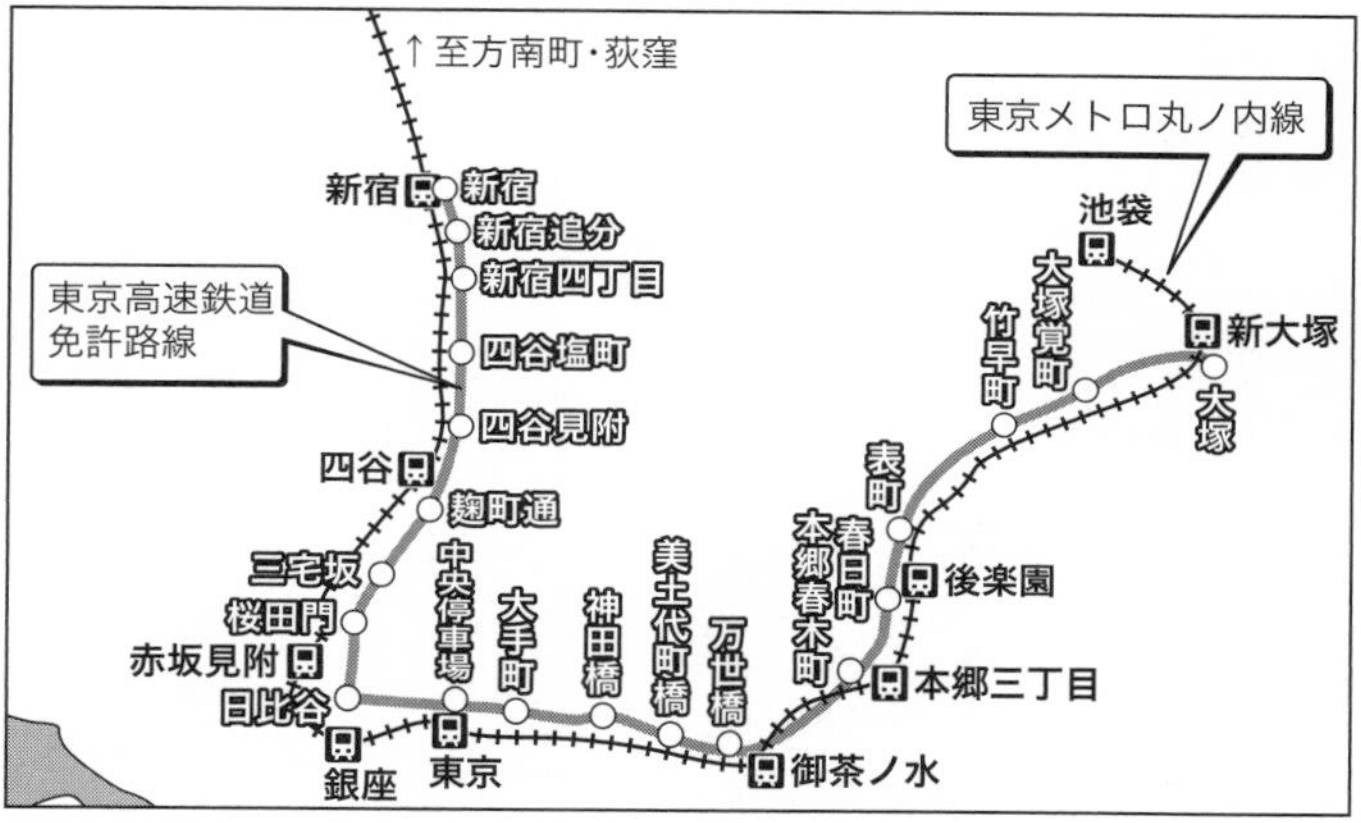

現在の東京メトロ丸ノ内線と、出願当時の東京高速鉄道免許路線を重ねてみると、ほとんど同じルートを通っていることがわかる。

通していた利光は、一九一九（大正八）年、高架・地下併用の電気鉄道の敷設を申請する。この鉄道は「東京高速鉄道」と呼ばれ、第一路線「日比谷～霞ケ関～六本木～渋谷」、第二路線「霞ケ関～新宿」、第三路線「日比谷～神田橋《かんだばし》～池袋」、第四路線「日比谷～本石町《ほんごくちょう》～浅草公園～上野」、支線「神田橋～本石町」の五路線からなり、都心部では東京～日比谷～神田橋～本石町～東京」という環状運転を行うという壮大な計画だった。

だが、東京の地下鉄道は同時期に三社が出願しており、東京高速鉄道を含め四社が競合していた。当時は、第一次世界大戦から始まる好景気にあり、全国で大規模な鉄道構想が生まれた時期だったのである。

この四社の申請路線はやがて免許されることになるが、東京高速鉄道の申請路線は、九路線を申請した東京鉄道株式会社の路線と重複・競合する区間が多かった。そこで免許区間の調整が行われ、一九二〇（大正九）年三月一七日、申請路線のうち第二・第三路線を軸とする「新宿～日比谷～東京～万世橋《まんせいばし》～大塚」について免許状が下付された。

ところが、いざ会社を設立しようとすると、地下を掘削して生じる土砂の処分が問題となった。外濠の埋立に使用するという案は内務省の反対で難航し、そうこうするうちに戦後恐慌が到来。莫大な建設資金を集める株式募集は絶望的となり、東京高速鉄道は着工の見込みが立たなくなった。

そこで、利光が活路を見出したのが、郊外路線の建設だった。利光は、「東京高速鉄道小田原延長線」という名目で、新宿～小田原間の免許を申請したのである。

東京高速鉄道市内線は、関東大震災後の一九二四（大正一三）年に免許が失効して挫折した。四社のうち唯一残ったのが早川徳次《はやかわのりつぐ》による東京地下鉄道で、一九二七（昭和二）年に日本初の地下鉄として浅草～上野間を開業。東京メトロ銀座線のルーツである。

一九二六（大正一五）年には、東京市の地下鉄道構想を実現するため第二次の「東京高速鉄道」が発起され、利光も加わっている。新しい東京高速鉄道は東京横浜電鉄（現・東急電鉄）の五島慶太が経営に加わり、やがて銀座線の新橋～渋谷間を開業させる。

小田急の起点は、永田町駅になるかもしれなかった？

小田原線

小田急の創始者・利光鶴松は、東京市内の地下鉄路線を計画しながら、実現が難しくなったと見るや郊外へ目を向け、新宿～小田原間の「東京高速鉄道小田原延長線」の免許を申請した。名目上は地下鉄の「延長線」だったが、実態は新規の郊外路線である。

一見、突拍子もない出願に見えるが、利光は元々第一段階として東京市内の交通整備を実現した後、第二段階として東京市と郊外を高速鉄道で結び、暮らしやすい住宅地を整備する構想を抱いていた。市内交通は東京市が整備する方針となったので、第一段階を飛ばして第二段階に進むのは自然な流れだった。

小田原延長線は、明治末期に構想されながら免許失効となった、武相中央鉄道《ぶそうちゅうおうてつどう》の計画を継承した。武相中央鉄道は、甲武鉄道《こうぶてつどう》（現・JR中央線）などを経営した雨宮敬次郎《あめのみやけいじろう》らが構想した鉄道で、千駄ヶ谷から世田谷を経由し、登戸、厚木、伊勢原、秦野、松田を経て小田原に至る延長約四八マイル（約七七・二キロメートル）の路線だった。資金難などにより、免許失効となった武相中央鉄道だったが、沿線にはこの計画を復活させようという根強い動きがあった。その中心が、鶴川出身で時の与党・政友会の重鎮、村野常右衛門である。利松は、二〇代の頃から自由民権運動を通じて村野と親交が深かった。そこで、自身が構想する郊外鉄道を実現するため、武相中央鉄道構想のルートをそのまま受け継ぐことの了承を、村野から取りつけたのである。じつは、東京高速鉄道市内線出願の頃には、小田原延長線の計画はほぼ固まっていた。

一九二三（大正一二）年、東京高速鉄道は社名を小田原急行鉄道株式会社と改めて株式募集を開始。正式に創立されて利光が代表取締役社長に就任した。

出願した路線は、平河町《ひらかわちょう》五丁目、つまり現在の東京メトロ有楽町線永田町駅付近を起点とし、原宿、三軒茶屋《さんげんぢゃや》、砧村（現・成城学園前付近）を経て多摩川を渡り、原町田、本厚木、伊勢原、秦野《はだの》を経て小田原に至る路線と、三軒茶屋で分岐して洗足池《せんぞくいけ》、五反田を経て品川方面に至る支線の二路線。平河町を起点としたのは、新宿～大塚間の市内地下鉄線の延長線という形式をとったためである。それが、新宿起点に変更されたきっかけは、当時鉄道省の旅客課長であった生野團六《しょうのだんろく》の助言だった。

生野は「将来山手では新宿がいちばんの中心になるから、新宿を起点とし、省線（国鉄）新宿駅に乗り入れるべきだ」と語った。人づてにこれを聞いた利光はおおいに賛同し、一九二一（大正一〇）年に本線の起点を新宿駅東口付近に変更する申請を提出。今の青梅街道大ガード付近で省線と交差し、淀橋浄水場（現在の高層ビル街）の北をまわって幡ヶ《はたが》谷《や》、代田（現在の世田谷代田駅北方）を経て豪徳寺《ごうとくじ》付近に至ることとし、支線の計画は取り下げた。一九二二（大正一一）年には、鉄道省の指示により起点を新宿三丁目に再修正し、同年五月二九日、新宿三丁目～小田原間の免許を得たのである。

だが、省線新宿駅への乗り入れは難航した。鉄道省の東京鉄道局内部に強い反対があったからである。当時の新宿駅は、日本鉄道が山手線、甲武鉄道が中央線を別々に建設した経緯から、甲州街道側と青梅街道側の二カ所に駅が分かれていたが、これを統合・拡張するという全面改良の設計ができていたのである。今さら青梅街道沿いに駅を作られては、改良の意味がなくなる。そこで利光は駅裏手にあたる新宿駅西口への乗り入れを模索し、やがて鉄道省側は態度を軟化。震災後の一九二三年一一月二八日、「新宿駅に於ける旅客連絡輸送の件」が認可され、小田原延長線は新宿駅西口に乗り入れることが決まった。

さて、新宿駅の西口に乗り入れるとなると、当初の構想だった「淀橋浄水場の北側を通って幡ヶ谷へ向かう」というルートは難しくなる。そこで、新宿駅から代々木方面へ向かい、西へ向かう現在のルートに変更された。その頃には、東京高速鉄道市内線の免許失効が確実となり、新宿三丁目～新宿間の路線を取りやめ、新宿起点となった。こうして、「小田原延長線」は「小田原線」となり、現在のルートが確定したのである。

開業日当日の小田原線は、アクシデントが続出！

小田原線

新宿〜小田原というルートが決定した小田原急行鉄道の工事は、一九二五（大正一四）年九月に着工した。この工事について利光鶴松は、「翌々年の四月一日、つまり一年半で開通させる」と宣言して人々の度肝を抜いた。およそ八二キロメートルもの鉄道路線を、わずか一年半で開通させるなど、当時の私鉄には到底不可能な話に思われた。

さらに、当初は多摩川を境として東京側を複線、神奈川側を単線とする予定だったが、着工後になって利光は「全線複線化」へと方針転換したため、スケジュールはますますきついものになった。路線の大半が桑畑や雑木林の人口希薄地帯を通過するにもかかわらず、全線複線化するというのは、現在の成功を考えれば、利光の先見の明といえるであろう。

着工後は、工期の短さから資材の調達に苦労した。とくに三〇万本以上もの枕木《まくらぎ》を短い時間で用意するのは大変で、青森から鹿児島まで人を派遣して調達させた。また、利光は工期が短くとも品質にこだわった。レールは当時一級品といわれたアメリカ・テネシー社に依頼し、不足分は国内の会社である八幡《やはた》製鉄所でまかなった。そのほか、車両は日本車両製造による鋼製車、電柱はすべて鉄柱にするなど、当時の私鉄のレベルを超えた高度な設備に仕上げたのである。

現場で工事にあたる人間は、毎日困難の壁にぶつかっていた。多摩川、相模《さがみ》川、酒匂《さかわ》川などの架橋や、四ヶ所もあるトンネルの掘削作業には難儀したという。とくに軟弱な地盤に苦戦し、愛甲石田周辺では、砂利を入れても、一晩で地盤が沈下してしまうという事態が発生。鉄柱が沈下し倒壊してしまうので、地盤の安定を待たなければならなかった。

気象にも脅かされた。例年以上の降雪で工事が遅れ、それを取り戻すために社員総出で突貫工事を行ない、なんとか宣言通りの一九二七（昭和二）年三月二四日に工事を完了したのである。だが、監督官庁の監査官が点検すると、不具合がいくつか見つかった。

期日に間に合わせようと必死で補修に当たる社員の姿に心打たれ、監査官も率先して工事を指導したという。開業許可が下りたのは、開業日前日の三月三一日だった。

翌日の祝賀イベントでは、沿線各地で凧《たこ》揚げや打ち上げ花火などが盛大に行なわれた。だが、その裏でダイヤは大混乱に陥っていた。開業前の訓練運転はほぼゼロ、運転も接客も不慣れなために各地で事故や故障が続出していたためである。通常、二時間二三分で結ぶ新宿～小田原間に八時間もかかった列車があったという。それでも社員総動員で点検や整備を行い、三日目からは通常運行を開始している。

社員採用の応募条件が「未経験者」ってどういうこと!?

小田急全線

小田急が開業した当時、社員の募集条件が話題となった。

その募集条件とは、「鉄道事業の未経験者であること」というもの。鉄道業務、ことに運転に直接関わる業務は、専門的な知識や技術を要するため、新規路線を開業する際には経験者を数多く集めるのが常識である。東京市街鉄道をはじめ、京成電気軌道（現・京成電鉄）や京王電気軌道（現・京王電鉄）の創設に関わりノウハウも豊富な利光鶴松が、あえて「初心者」に限定したのは何故か。

これは、自分の理想とする会社にふさわしい従業員を養成したいという強い意欲によるものだったといわれている。

採用にあたっては、駅長と助役は全員が大学卒業者とし、現業員（駅員や乗務員など現場の業務を行う者）は利光の郷里《きょうり》である大分県と、沿線地域で募集することになった。

大分県での入社試験は、利光の母校である大分郡稙田《うえだ》村小学校で行なわれ、近在の各学校を通じて募集したところ、多くの応募者たちが集まった。試験の結果、大分からは七十余名が採用され、運転士組と車掌組にわかれて集団で上京した。

沿線では、経堂と座間（現・相武台前）に教習所が建てられ、入社試験が行なわれた。最終的に採用されたのは、運輸現業員を中心とした約五〇〇名、技術部門の保守要員は約三六〇名となった。保守要員については、開通までの建設作業員がそのまま入社した者が多かった。

採用された新入社員たちは、駅長、助役、運転士、車掌、駅員とわかれて、経堂と座間で教習を受けた。未経験者ばかりという不安要素はあったが、鉄道省と東京市電気局で選抜された熟練者が指導にあたり、知識や技術を教え込んだ。なかには実習と見学をかねて、南海鉄道（現・南海電鉄）、京成電気軌道、省線電車（のちの国電／ＪＲ）へ派遣された社員もいて、彼らは帰社後、指導員にもなっている。

こうして一九二七（昭和二）年四月の開業にこぎつけたのだが、なんと三カ月後には大幅な人員整理を行なっている。理由は営業成績の不振だが、採用人数が多すぎたのも問題だったようである。駅によっては、駅員よりも利用客の方が少ないところもあったという。

結局、幹部で三カ月、その他は一〇〇日分の解雇手当を支給し、希望する者は江ノ島線の開通時に優先的に採用するという条件で、全新入社員の二割に相当する二〇〇名が整理された。

箱根登山鉄道への乗り入れに立ちふさがった数々の困難

箱根登山線

現在、都心から箱根に行くなら、小田急が便利――というイメージが定着しているが、そのイメージが根づくまでには、長い時間を要した。

小田急初代社長の利光鶴松は、創業時からすでに箱根までの直通路線をつくることを目指していた。

箱根は、東京近隣でもっとも有名な観光地の一つであり、行楽客の絶大な需要があると考えたのである。

もっとも、小田原急行鉄道が開業した時、すでに箱根では、小田原電気鉄道株式会社（現・箱根登山鉄道）が小田原～湯本、箱根湯本～強羅間の営業を行なっていた。ただし、湯本までは路面電車であり、しかも小田原駅ともつながっていなかったため、小田急線が新宿～箱根湯本を結ぶ路線を開通させれば十分需要はあると考えられた。

利光のプランは箱根の人々からは歓迎されたが、このときは実現しなかった。利光が目指した箱根への乗り入れが実現したのは、戦後の一九五〇（昭和二五）年である。

戦時中、小田急は東京急行電鉄（現・東急電鉄）に統合され、小田原電気鉄道から社名を変更した箱根登山鉄道も東急の傘下にあった。戦後まもない一九四六（昭和二一）年、東急の「鉄道業復興三カ年計画」の中で、増収策の一つとして取り上げられ、その後分離独立した新しい小田急電鉄に引き継がれた。

開業以来の悲願である箱根湯本直通を実現

一九四八（昭和二三）年に新たに発足した小田急電鉄は、箱根登山鉄道を傘下に加え、創業以来の悲願である箱根湯本への乗り入れを具体化した。しかし、そこには大きな問題があった。直通運転を行うには、軌間（レールの幅）や架線電圧など、規格を統一しなければならない。ところが、小田急と箱根登山鉄道は、この規格が大きく異なっていた。

たとえば、小田急線の軌間はJR在来線などと同じ狭軌（一〇六七ミリメートル）だが、箱根登山鉄道は、新幹線と同じ標準軌（一四三五ミリメートル）である。架線電圧も、小田急線の直流一五〇〇ボルトに対し、当時の箱根登山鉄道は六〇〇ボルト。さらに勾配も、小田急が最大二五パーミル（一〇〇〇メートル進むごとに二五メートルの高低差）で設計されているのに対し、小田原〜箱根湯本間には最大四〇パーミルの急勾配があった。

そこで、まず軌間については三線軌条方式を取り入れた。標準軌の内側に、もう一本レールを敷いて二つの軌間に対応するというものである。電圧については、小田原〜箱根湯本間を一五〇〇ボルトに昇圧させ、箱根登山鉄道の車両を六〇〇ボルトと一五〇〇ボルトに対応するように改造。小田急の車両はブレーキ装置を改良して急勾配に対応した。

ホームの問題もあった。標準軌の内側に一本レールを加えると、小田急の車両と登山鉄道の車両で車体の中心位置がずれる。しかも、箱根登山鉄道の車両は小田急の車両より二八〇ミリメートルも幅が狭く、共用するレールの側にホームがある場合、登山鉄道の車両は三〇センチメートル以上の隙間ができてしまう。そこで、登山鉄道の車両にはホームとの隙間を埋める可動式のステップが取り付けられた。旅客駅でこれほどの隙間が生じる駅は全国的にも極めて珍しく、運輸省の認可を取り付けるのに苦労したそうだ。

一九五〇（昭和二五）年八月一日、小田急創立以来の悲願であった箱根湯本直通が実現し、当時のフラッグシップ車両だった一九一〇形特急車が箱根路を走った。一カ月後には、新宿直通の特急列車が毎日三往復に増発され、急行と併せて一日一〇本の乗り入れが実現した。

こうして、かつて「天下の険」と呼ばれた箱根温泉郷は新宿直結を実現し、戦後、首都圏最大級の温泉保養地として発展していくのである。

なぜ箱根登山鉄道の線路の一部にレールが三本あるのか？

入生田
いりうだ
OH 50

現在、箱根登山鉄道小田原～箱根湯本間の普通列車は、すべて、箱根登山鉄道の勾配や曲線に対応した小田急一〇〇〇形で運行されている。

小田原方面から乗車し、入生田《いりうだ》駅手前までくると、入生田検車区車庫から標準軌のレールが現れ、三線軌条区間へ進入する。

前項で紹介したとおり、箱根登山鉄道は開業以来、狭軌の小田急とは異なる標準軌で運行されていた。小田急の車両による直通運転の開始にあたっては、標準軌の内側にもう一本レールを敷き、狭軌にも対応する三線軌条方式がとられた。箱根湯本に向かって右側のレールは小田急と登山鉄道とで供用し、左側に狭軌と標準軌それぞれのレールがある。だが、三線軌条はポイント（分岐）の構造が複雑になるうえ、レールの保守作業も煩雑になりコストが嵩んでしまう。

また、小田急電鉄の車両が全長約二〇メートルであるのに対し、箱根登山鉄道の車両は全長約一五メートル。繁忙期には、小田原駅で新幹線や東海道本線から乗り換える行楽客も多く、輸送力が不足してしまう。

そこで、二〇〇〇（平成一二）年一二月のダイヤ改正から、それまで毎時二本だった小田急の乗り入れ列車を毎時四本に倍増させ、登山電車の車両は朝晩のみの運行となった。そして、二〇〇六（平成一八）年三月のダイヤ改正で登山電車の小田原乗り入れを全面的に廃止。小田原～箱根湯本間の電車はすべて小田急の車両が使用されることになった。それまで、登山鉄道に乗り入れる小田急車は六両編成がほとんどだったが、この時から四両編成が増えた。

このダイヤ改正後、小田原～入生田間の標準軌線は順次撤去され、入生田検車区に出入りする登山電車のために、入生田～箱根湯本間の約一・九キロメートル区間と、入生田駅構内の上り線にのみ三線軌条が残された。箱根湯本駅から先は国立公園内に位置するため検車区の新設・移転が難しく、この一駅区間だけ残された形となった。入生田駅の下りホームで、発着する小田急線車両の上り列車を観察すると、手前に使われない標準軌用の線路が見え、狭軌と標準軌の違いを観察できる。

その後、二〇〇八（平成二〇）年には新宿から直通する快速急行が廃止となり、二〇一八（平成三〇）年、最後に残った新松田《しんまつだ》始発の直通列車が廃止。現在は特急ロマンスカーを除く全列車が四両編成による小田原～箱根湯本間の運転となっている。

入生田周辺の三線軌条区間

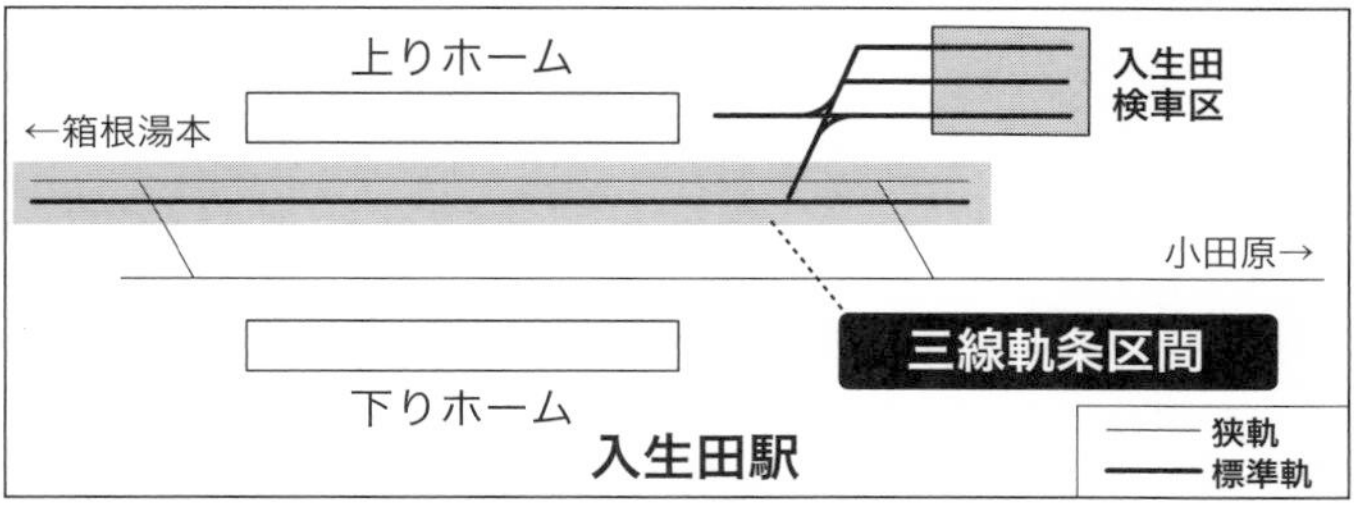

箱根湯本方面から見た三線軌条。向かって左側のレールを狭軌と標準軌で共有する。右手の下り線ホームには箱根登山鉄道の車両は入線しないので三線軌条にはなっていない。

下りホームから小田急線の上り列車を観察すると、手前に標準軌のレールがはみ出して見える。このレールは入生田検車区に出入りする箱根登山鉄道の車両だけが使用する。

二〇年あまりにわたる全面対立 小田急VS西武の「箱根山戦争」とは

小田急全線

箱根は、明治時代から近代的な観光・交通開発が進められた、首都圏を代表する観光地である。だが、このエリアの観光輸送をめぐっては、戦後、小田急グループと当時の西武グループとの間で「箱根山戦争」と呼ばれる激しい争いがあった。

一九一九（大正八）年、小田原電気鉄道が箱根湯本～強羅間に登山鉄道を開業。一九二一（大正一〇）年には鋼索線（ケーブルカー）も開業した。その後電力会社に買収されて箱根登山鉄道に改称すると、一九三五（昭和一〇）年には小田原～箱根湯本間を路面電車から鉄道線に切り替え、バス路線を含めて箱根の交通網を整備していった。

一方、西武グループの創始者である堤康次郎《つつみやすじろう》は、一九二〇（大正九）年に箱根地域の土地開発を行う箱根土地株式会社（後のコクド、現在のプリンスホテルの前身の一つ）を設立。当時芦ノ湖《あしのこ》で唯一の遊覧船を運航していた箱根遊船《はこねゆうせん》や駿豆《すんず》鉄道（現・伊豆箱根《いずはこね》鉄道）を傘下に収め、箱根一帯の観光開発を進めた。

昭和に入ると、駿豆鉄道と箱根遊船は自社による専用自動車道の整備に努め、一九三七

箱根の交通図

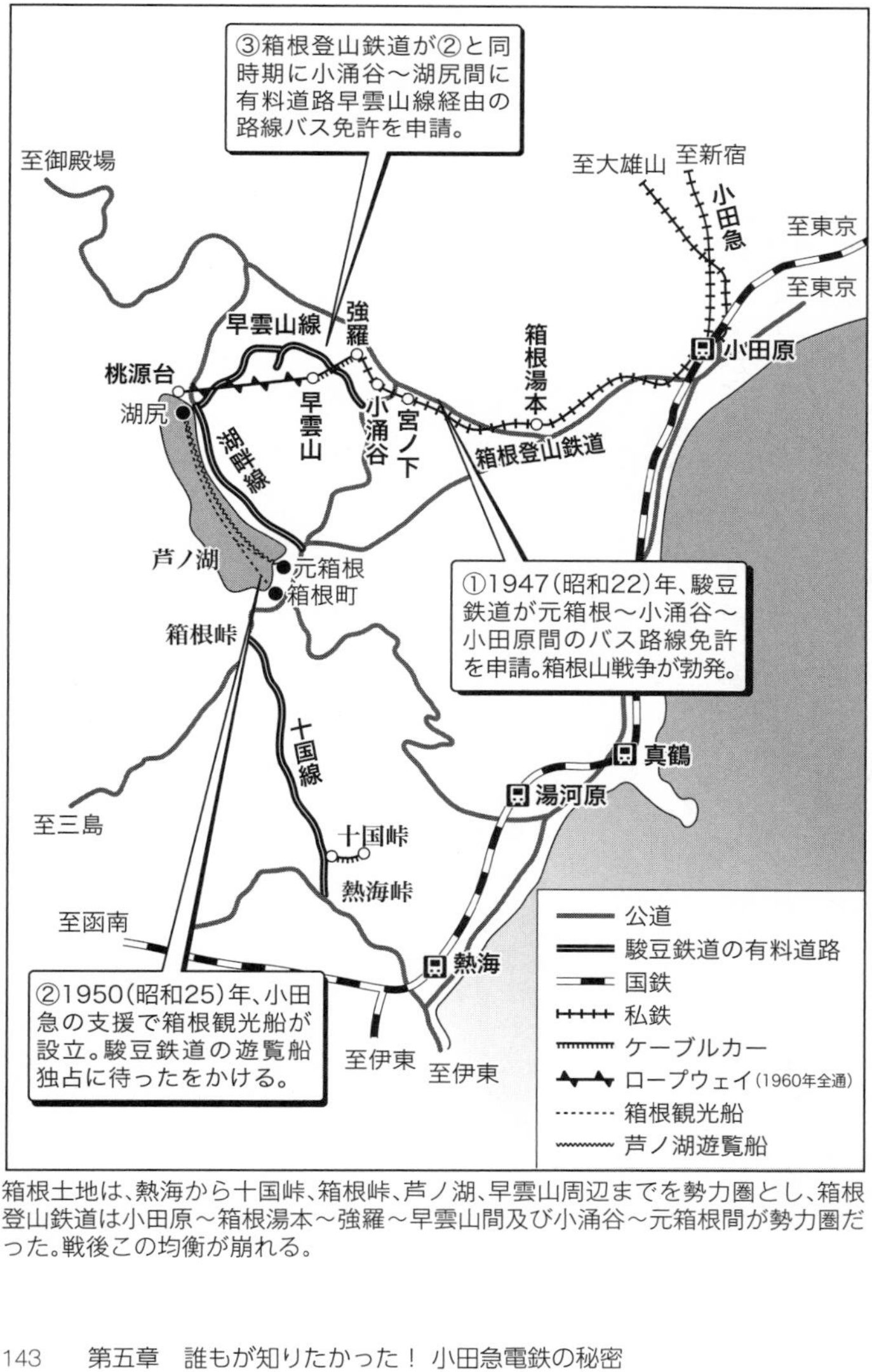

③箱根登山鉄道が②と同時期に小涌谷～湖尻間に有料道路早雲山線経由の路線バス免許を申請。
至御殿場
至大雄山
至新宿
小田急
至東京
至東京
早雲山線
強羅
箱根湯本
小田原
桃源台
湖尻
早雲山
小涌谷
宮ノ下
箱根登山鉄道
湖畔線
芦ノ湖
元箱根
箱根町
①1947(昭和22)年、駿豆鉄道が元箱根～小涌谷～小田原間のバス路線免許を申請。箱根山戦争が勃発。
箱根峠
十国線
真鶴
湯河原
至三島
十国峠
熱海峠
至函南
熱海
②1950(昭和25)年、小田急の支援で箱根観光船が設立。駿豆鉄道の遊覧船独占に待ったをかける。
至伊東
至伊東
公道
駿豆鉄道の有料道路
国鉄
私鉄
ケーブルカー
ロープウェイ(1960年全通)
箱根観光船
芦ノ湖遊覧船

箱根土地は、熱海から十国峠、箱根峠、芦ノ湖、早雲山周辺までを勢力圏とし、箱根登山鉄道は小田原～箱根湯本～強羅～早雲山間及び小涌谷～元箱根間が勢力圏だった。戦後この均衡が崩れる。

（昭和一二）年までに熱海と箱根町を結ぶ十国線《じっこく》（熱海峠～箱根峠間）、中央火口丘の北側を周遊する早雲山線（小涌谷《こわくだに》～早雲山～大涌谷《おおわくだに》～湖尻《こじり》）、芦ノ湖の東岸を縦断する湖畔線（湖尻～元箱根《もとはこね》）を開通させた。なお、駿豆鉄道と箱根遊船は一九三八（昭和一三）年に合併して駿豆鉄道箱根遊船となり、戦時体制に合わせて駿豆鉄道に改称した。

有料道路への乗り入れを実力で阻止するなど対立がエスカレート

このように、箱根登山鉄道と駿豆鉄道は箱根の交通機関をめぐってライバル関係にあったが、戦前は「小田原から早雲山に至る箱根駒ヶ岳《こまがたけ》北側の温泉保養地」を地盤とする箱根登山鉄道と、「熱海から芦ノ湖に至る箱根駒ヶ岳南側のリゾート地」を開発する駿豆鉄道と、棲み分けができていた。しかし戦後、両社は観光開発をめぐって衝突する。

きっかけは、一九四七（昭和二二）年九月、駿豆鉄道が小涌谷～小田原間の定期バス路線免許を申請したことである。ここは箱根登山鉄道の地盤であるうえ、駿豆鉄道は熱海～元箱根～小涌谷間の定期バス路線を持っていた。免許されれば、小田原～小涌谷～元箱根～熱海という周遊ルートが完成するうえ、芦ノ湖の遊覧船まで運営する駿豆鉄道が圧倒的に有利な立場に立つ。箱根登山鉄道は反発したが、駿豆鉄道の申請は運行本数などを制限した条件付きで認められ、一九五〇（昭和二五）年三月一〇日から、元箱根～小涌谷～小

箱根山戦争終結へのカギとなった箱根ロープウェイ。有料道路早雲山線の上空を通過しており、伊豆箱根鉄道の許諾が必要だった。西武グループ側には建設に反対する声もあったが、堤康次郎の判断で認められたという（小田急電鉄提供）。

田原間には駿豆鉄道バスが走り始めた。

これに対し箱根登山鉄道は、同年三月一三日、駿豆鉄道が所有する有料道路を経由し小涌谷と湖尻を結ぶ路線バスの免許を申請する。ところが駿豆鉄道は自社が経営する「専用道路」であり免許には同社の承諾が必要と主張。箱根登山鉄道は「私有であっても一般自動車道であるから、所定の料金を支払う限りどこの自動車でも通行させる義務がある」と反論した。さらに箱根遊船が道路を建設した際、箱根登山鉄道が無償で土地を提供する代わりに、同社の乗合自動車が道路を利用する際には無料とするという覚書を取り交わしていたとも主張。結局、駿豆鉄道バスが条件付きで免許されていることとのバランスを考え、当面は両社の「乗り入れ協定」という形で収まり、同年七月から小涌谷～早雲山～湖尻間の路線バスの運行を開始した。

ところが同じ頃、箱根町地区の有志が小田急の支援を受けて箱根観光船を設立し、駿豆鉄道が独占していた芦ノ湖の遊覧船事業に参入したことから、両社の対立は再燃する。一九五二（昭和二七）年七月、駿豆鉄道バス小涌谷～小田原間の運行回数制限が撤廃されたことを受けて、箱根登山鉄道は改めて小涌谷～湖尻間のバス路線免許を申請した。しかし駿豆鉄道はこれに強く反発。両社の対立は訴訟合戦に発展した。

一九五六（昭和三一）年七月一日、駿豆鉄道は「乗り入れ協定」を破棄し、自社が管理する有料道路に遮断機を設けて箱根登山鉄道バスの通行を拒否するという実力行使に出たのである。乗り入れ協定の「効力は一ヶ年とし、期間満了一ヶ月前までに意思表示しない場合はさらに一ヶ年継続」という条文を根拠に「一ヶ月前までに意思表示すれば相手の同意を得なくても破棄できる」と解釈した行動である。箱根登山鉄道は協定破棄と通行拒否の無効を訴えて提訴したが、敗訴してしまう。両社の対立は小田急と西武という二大グループの対立に発展し、運輸大臣による調停までまで行われたが不調に終わった。

一九五七（昭和三二）年一一月、駿豆鉄道から改称した伊豆箱根鉄道は、自社管理の道路の供用約款に「自社が契約した事業者以外のバス路線の通行は拒絶できる」との規定を加えて箱根登山鉄道を締め出そうとした。これについて、法律などの解釈を調査する内閣法制局は「特定のバス会社を有利に扱うべき合理的な理由がある時は、そのバス会社に限定した免許ができる」と回答。「限定免許問題」として大きな議論を呼ぶことになったが、乗り入れ協定破棄に関する訴訟の敗訴と併せ、事態は伊豆箱根鉄道側に有利となった。

箱根ロープウェイの開通が転機となって「戦争」終結へ

ここに至り、小田急は有料道路乗り入れにこだわらず、独自の輸送ルートを確立するのが妥当であると決断する。こうして建設されたのが、一九六〇（昭和三五）年九月に全通した早雲山～大涌谷～桃源台《とうげんだい》間の箱根ロープウェイである。この頃になると、地元の観光業界を中心に三つの有料道路を県道として開放することを望む声が高まっていた。箱根ロープウェイの開業によって、谷を迂回する早雲山線の存在価値が低下したこともあり、一九六四（昭和三九）年までに三路線とも神奈川県に買収されて県道となった。

この時点で、箱根登山鉄道と伊豆箱根鉄道の対立は実質的に意味が失われた。その後しばらく訴訟は続いたものの、一九六八（昭和四三）年、小田急電鉄、箱根登山鉄道、伊豆箱根鉄道、東海自動車の四社で、友好的な協力関係を築く協定書が調印された。一九四七年以来二一年にわたった箱根戦争は、こうして終わりを告げた。

駅ポスターの広告料金は駅のランクによって六等級にわかれている

小田急全線

小田急電鉄構内に掲示する広告は、大きくわけて車両メディアと駅メディアにわかれ、さらに車両メディアは「中づりポスター」「まど上ポスター」「ドアステッカー」「ドア横ポスター」などさまざまな種類がある。また広告料金は掲示場所や大きさ、掲示期間などによって細かく規定されている。

「中づりポスター」は、車内の通路中央につり下げられているポスターである。週刊誌をはじめ、新製品のキャンペーンやイベントなど、短期間のニュース的なポスターが多く、掲出期間は七日間が基本となっている。

「まど上ポスター」は、荷棚の上に掲出されるもので、掲出期間は一カ月。立っている乗客の目に入りやすく、企業ブランドのＰＲやシリーズ製品の広告などが多い。

日本人の傾向として、立ち客はドア横付近を好む傾向がある。このため、ドア横の、開いた扉が収まる部分のポスターは目線の高さにあることもあって広告効果が高いとされ、一カ月間の広告費は三三〇万円からと高い。つり革の柄の部分を使用する「つり革広告」

等級別駅ばりポスター基本料金（B0サイズ/7日間）

等級	駅名	B0サイズの料金
A	新宿、代々木上原、下北沢、登戸、町田、海老名、本厚木、藤沢	6万4,000円
B	成城学園前、新百合ヶ丘、鶴川、相模大野、中央林間、大和、湘南台	5万4,000円
C	経堂、千歳船橋、小田急相模原、伊勢原、小田原、向ヶ丘遊園	4万6,000円
D	祖師ヶ谷大蔵、喜多見、狛江、生田、読売ランド前、柿生、玉川学園前など	3万8,000円
E	代々木八幡、梅ヶ丘、豪徳寺、百合ヶ丘など	2万6,000円
F	南新宿、参宮橋、東北沢、世田谷代田など	2万円
全駅		199万400円

は一編成四〇万円からと割安である。もっとも、これ以外に制作・取付費用がかかり、いかがわしい企業や個人は掲出できない。

近年は、ドア上にLCDディスプレイによるサイネージ広告も増えた。こちらは一五秒広告を七日間掲出すると七〇万円。

駅メディアは、駅に掲出するポスターやサイネージ広告で、広告料金はサイズや枚数、掲出期間によって異なるほか、同じポスターでも駅ごとに変わる。

最近増えているのが、デジタルサイネージ広告。新宿駅南口に二〇カ所ある七〇インチモニターに一週間、終日静止画や動画の広告を出すと二三〇万円だ。さすがに高いと思うか、意外に安いと思うか、どちらだろうか。

小学生は運賃一律五〇円！　世間をあっと言わせた値下げに隠された思惑とは

小田急全線

二〇二二（令和四）年三月一二日、小田急電鉄が、また世間をあっと言わせる新施策をスタートさせた。それが、「小児ＩＣ運賃の全区間一律五〇円化」である。従来、六歳以上小学生以下のこどもは、大人運賃の半額（一〇円未満切り上げ）だったが、小児用ＩＣカードを使用すれば、全区間通年五〇円となったのである。新宿～小田原間の小児運賃は四四五円（当時）から五〇円と実に九割近い値下げとなった。

小田急がこうした思い切った施策を打ち出した理由は二つある。一つは、子育て世代にとって利用しやすい環境を整えることで、「小田急沿線で暮らそう」と考える人を増やし、利用者数の増加につなげること。小田急電鉄は二〇二一年に「子育て応援ポリシー」を策定しており、新宿・新百合ヶ丘・海老名の三駅にベビーカーシェアリングサービスを導入するなど、少子高齢化が進むなか、「子育てしやすい沿線」を目指す取り組みを進めている。「小児ＩＣ運賃の一律五〇円化」は、この取り組みの一環である。

小児運賃による収入は、小田急電鉄全体の運賃収入の一パーセント以下であり、これを無料に近い値段にしても経営的には問題ない。こどもの頃から日常的に小田急線を利用してもらえば、小田急電鉄への愛着も生まれるし、こどもと一緒に出かける親世代からの運賃収入増も見込める。長期にわたって「小田急沿線を選んでもらう」ための積極策である。

さて、実はこの施策にはもう一つ、隠れたねらいがある。それが、中学生からの適正な運賃収受である。小児用ICカードは、購入時にこどもの年齢を証明する書類が必要で、中学に進学すれば自動的に使えなくなる。かつては、こどもが中学校に上がってもしばらくは小児運賃のまま乗せてしまう親が一定数いた。小児用ICカードはそれをある程度防ぐことができる。また、小学校に上がったこどもを幼児と偽って無賃で乗せる人もいたが、小児IC運賃が一律五〇円であれば、そのくらいならちゃんと払おうと考える親が増えるであろう。

ICカードは金銭を支払う感覚が現金よりも弱いので、小学生のうちからICカードに慣れておけば、自然に大人運賃に移行できるメリットもある。ICカードに慣れた中学生が現金で小児用乗車券を購入するのは、ある意味「強い意志」が必要である。

一見、乗客ウケを狙った「出血大サービス」に見える「小児IC運賃一律五〇円化」だが、そこには適正な運賃収入を将来にわたって安定的に得るための、小田急電鉄の思慮深い戦略が隠されている。

「オダキュー」の略称が広まったきっかけは、戦前のある歌謡曲

小田急全線

現在、小田急電鉄株式会社は「オダキュー」の略称が当たり前のように使われている。しかし、開通直後は、「小田鉄」「小田急鉄」「小田原急鉄」などさまざまな呼び方があり、小田急創立時の名称「東京高速鉄道」から「高速」と呼ぶ人もいた。

複数の呼び名があった小田原急行鉄道が、「オダキュー」の名で定着したのは、ある歌謡曲の存在があった。それが、一九二九（昭和四）年に発表された佐藤千夜子《さとうちやこ》が歌う「東京行進曲」である。

歌詞に怒った小田急

この歌は、雑誌『キング』に連載された菊池寛《きくちかん》原作の小説を日活が映画化した際、主題歌としてつくられたもので、作詞は西條八十《さいじょうやそ》、作曲は中山晋平《なかやましんぺい》という当時のヒットメーカーが担当した。この曲は二五万枚というヒットを記録したのだが、歌詞に、「シネマ見ましょか　お茶飲みましょか　いっそ小田急《おだきゅ》で　逃げましょか」という一節があった。

この箇所は当初、「長い髪してマルクスボーイ　今日も抱える『赤い恋』」という歌詞になるはずだった。

『赤い恋』とは、ソビエトの女流作家アレクサンドラ・コロンタイによる性の自由を説く小説で、当時インテリ青年がこの本を持ち歩くのが大流行していた。しかし、そんな小説のタイトルを入れたら憲兵からの圧力がかかるとレコード会社が恐れ、西條に書き直しを依頼し、「小田急」が歌詞に登場することになったのである。

この年、小田急では江ノ島線が開通して話題になっていたこともあり、「オダキュー」の呼び名は急速に人々のあいだで広まった。

もっとも、この歌の制作に小田急は一切関与しておらず、当初は宣伝効果を喜ぶどころか、社内では「駆け落ち電車のような扱われ方」だと憤る声も上がり、名誉毀損で訴えることさえ検討されたという。

それでも、「小田急」の名が広く知られるようになったのは確かで、結果的には大きなPR効果を生んだ。そして短くて語呂がいいこともあり、一九四一（昭和一六）年には、正式社名を「小田急電鉄株式会社」と改称している。

西條八十は、その後もたびたび自分の作品に「小田急」を登場させた。一九三九（昭和一四）年発売の淡谷《あわや》のり子《こ》「東京ブルース」では「更けゆく新宿　小田急の窓で　君が別

れに　投げる花」と歌ったし、戦後も鶴田六郎《つるたろくろう》の「君さそうグリーンベルト」（一九五一年）や「湯の町小唄」（一九五二年）などに小田急を登場させている。

とくに「湯の町小唄」では、「粋な小田急の　ロマンスカーの」と初めて「ロマンスカー」の単語が登場した。全席クロスシートの一七〇〇形が登場した頃で、西條の小田急への思い入れがうかがえる。

こうした功績から、小田急電鉄は後に西條八十に対して非礼を詫び、終身優待乗車証を贈ったという。もっとも、小田急が登場するのは四番とか五番とかの歌詞が多く、「東京行進曲」ほどの高いPR効果はなかったようだ。

もう一つ、小田急と歌謡曲にまつわるエピソードがある。それが、一九四九（昭和二四）年のヒット曲「東京夜曲《セレナーデ》」で、三番で「二人一つの　想い出の　匂い薔薇よ　小田急よ」と歌われた。歌ったのは、終戦まで「李香蘭《りこうらん》」として活動し戦後は参議院議員も務めた山口淑子《やまぐちよしこ》。作詞は西條八十に師事した佐伯孝夫《さえきたかお》が担当し、この歌をモチーフにして小説化や映画化もされた。現在のメディアミックスの先駆けともいえ、映画化にあたっては小田急電鉄も全面協力。映画にはデビューまもない一九一〇形「ロマンスカー」が映し出され、新生小田急電鉄とロマンスカーのPRに一役買った。

第八章

思わず乗ってみたくなる！魅力いっぱいの車両たち

特急ロマンスカーのフラッグシップ 七〇〇〇〇形GSEの魅力とは

小田原線

二〇一八（平成三〇）年にデビューし、小田急電鉄特急ロマンスカーのフラッグシップとして活躍している車両が、七〇〇〇〇形ＧＳＥである。三〇〇〇〇形ＳＥ以来、九代目にあたる専用車両で、特急ロマンスカーならではの魅力が詰め込まれている。

ＧＳＥは七両編成。車体カラーは、薔薇の色をイメージしたローズバーミリオンを主体に、窓下にはロマンスカー伝統のオレンジバーミリオンのラインをあしらっている。

ＧＳＥ最大の魅力は、運転席にいるような気分を味わえる先頭車の展望席である。正面の大型一枚窓が先代である五〇〇〇〇形ＶＳＥよりも大型となり、左右の柱もなるべく客席からの視界を遮らないように角度と太さが調整されている。先頭車両は全座席が展望席というコンセプトで、荷棚が省略されどの席からでも車内や前方の見通しがよくなるよう工夫されている。

通常の座席もおすすめで、窓の天地がＶＳＥよりも三〇センチメートル高い一メートルとなって、丹沢や箱根の景色をたっぷり楽しめるようになった。座席幅は、歴代ロマンス

GSEは「Graceful Super Express」の略。二枚のアルミ板を重ね、軽量で強く静粛性に優れたアルミダブルスキン構造を採用するなど、最新の技術がふんだんに盛り込まれている。

カー最大となる四七五ミリメートル。各座席にはコンセントが完備され、車いすやオストメイトに対応した「ゆったりトイレ」も装備されている。無料で利用できる車内Ｗｉ－Ｆｉに接続すると、先頭車からの眺望をスマホで鑑賞できるのも楽しい。

台車はＶＳＥなどが採用している車両間にまたがる伝統の連接台車ではなく、一般的なボギー台車を採用している。連接台車は定員四〇〇名の確保やホームドアへの対応が難しくなるためである。

二〇二三年現在、特急ロマンスカーの定期列車で展望席を備えるのは、ＧＳＥ二編成のみ。小田急の時刻表には、ＧＳＥの列車には展望車のマークがついているので、一カ月前の発売と同時に予約したい。

増収を狙った「週末温泉特急」の秘策は人気スターによる車内放送

小田原線

昭和初期、開業直後の小田急は、沿線の人口が少なく、営業不振に悩んでいた。一方で新車両をそろえるなど多額の投資をしていたため、内情は火の車だった。

そんな苦しいなかで誕生した列車の一つが、新宿～小田原間の下りをノンストップで走る「週末温泉特急」である。

一九三五（昭和一〇）年六月一日に運転を開始したこの特急は、四両編成・二〇〇名の定員制列車で、毎週土曜日の一三時五五分に新宿を発車し、小田原に一五時二五分に到着するダイヤで、新宿～小田原間を一時間三〇分で結んでいた。

週末温泉特急では、当時ムーラン・ルージュ（新宿の軽演劇場）の人気スターであった明日待子《あしたまつこ》が吹き込んだレコードを車内で流すというユニークなアイデアが採用されている。車窓から見える風景の案内や名所の由来などを解説する内容だったが、途中で男性との掛け合いがあったりと、聞いているだけでも楽しめたという。

当代随一の人気スターによる案内だけに話題をよんだが、列車の営業成績はふるわなかった。戦争が激しくなると行楽客も減少。一九四二（昭和一七）年四月のダイヤで姿を消した。実際にはその前年から運休状態だったようである。

戦後の一九四八（昭和二三）年一〇月一六日に、ノンストップ特急は復活する。戦時中に製造された一六〇〇形車両の傷《いた》みはひどかったが、補修を施し体裁を整えると、「復興整備車」の表示を掲げて走った。

新宿発は土曜と日曜の午後、小田原発は日曜日に二本運行され、新宿〜小田原間を一時間四〇分で結んだ。戦時中は特急が廃止されて二時間四〇分かかっていたことを考えると、画期的な速さだった。

ノンストップ特急の復活は新聞やラジオでも報道されて話題を呼び、小田急復興を世にアピールした。

さらに翌年には、初の特急専用車も登場した。これは一九一〇形の三両編成で、座席はセミクロスシート。中央車両には放送室、喫茶スタンドも設けられて、行楽列車の進化形といえる列車だった。

この頃から特急は毎日の運転となり、翌年には一日三往復に増発された。こうして小田急ロマンスカーの発展へとつながっていくのである。

小田急ロマンスカーは東海道新幹線開発のベースになった！

小田急全線

小田急線のシンボル、「ロマンスカー」の呼称が誕生したのは、戦後まもない一九四九（昭和二四）年のことである。

前項で紹介したように、戦後の小田急は、一九四八（昭和二三）年に東急から独立すると、まもなく週末限定のノンストップ特急を運転した。翌年、戦後初の新型車両の一つとして特急用の一九一〇形が登場すると、同年一〇月から一往復が毎日運行となり、はじめて「ロマンスカー」と呼ばれた。

なお、「ロマンスカー」は小田急独自の呼称ではない。戦前には京阪電鉄や南海電鉄に「ロマンスカー」と呼ばれる車両があったほか、戦後には東武鉄道も特急用車両を「ロマンスカー」「デラックスロマンスカー」と呼んだ。

ロマンスカーが小田急の特急列車の代名詞となったきっかけは、一九五七（昭和三二）年に登場した三〇〇〇形SE車である。この車両は、さまざまな意味で画期的な車両だった。

まず、人々の目を引いたのは、流線形の先頭形状である。流線形の鉄道車両は戦前にも

当時の鉄道技術の粋が結集した3000形ＳＥ車。空気抵抗を減らし徹底した軽量化と低重心化を行うという設計思想は東海道新幹線0系と共通していた。1992（平成4）年に引退（小田急電鉄提供）。

一時期流行したが、それは単にスタイルの流行で、空気抵抗を効果的に減らしたわけではなかった。一方ＳＥ車は模型による風洞実験を繰り返し、大幅な空気抵抗の低減に成功していた。そして、バーミリオンオレンジをベースとし、シルバーグレーに白線をあしらった明るい塗装で、前照灯には鉄道車両として初めて、レンズを内蔵して光量を高めたシールドビームが採用された。

客席は、「ロマンスシート」とも呼ばれた回転式クロスシート。車内には喫茶カウンターが設けられ、紅茶などのシートサービスが行われた。また、音楽で周囲に列車の存在を知らせるミュージックホーン（補助警報音）が初めて搭載されるなど、従来の車両からは一線を画す車両となった。

SE車で追求されたのは、スピードである。

小田急には急勾配が連続する区間が多い反面、伊勢原付近のように平坦な直線区間もある。将来的な目標として掲げた新宿～小田原間六〇分運転を実現するには、勾配に強く、平坦線を高速で安定して走れる高速車両が必要だった。そこで小田急は、当時高速車両の研究を行っていた国鉄の鉄道技術研究所（現・JR総研）に協力を要請。国鉄の技術者も、「私鉄で研究成果を確認すれば国鉄も高速車両の導入に道が拓ける」と考え、要請に応えた。

こうして、小田急と国鉄で共同開発されたSE車は、流線形の研究だけでなく徹底した軽量化が図られた。車体は、フレームと外板を一体化したモノコック構造を採用。台車は、曲線の多い小田急の線形に有利で軌道への負担も少ないといった理由から、二両にまたがる形の連接台車とした。

こうして開発されたSE車は、一九五七年七月六日から営業運転を開始したが、曲線が多い小田急線内では時速一二七キロが限界だった。そこで、再び国鉄に協力を依頼し、同年九月二〇日から東海道本線での高速走行試験が開始された。そして九月二七日、三島～沼津間で時速一四五キロを記録。当時の狭軌鉄道最高速度記録を樹立した。

SE車で培われた高速技術は、後に東海道新幹線の開発に役立てられた。もしSE車が存在しなければ、東海道新幹線の開発は、もっと時間がかかっていたかもしれない。

乗客を虜にした「走る喫茶室」の〝スチュワーデス〟

小田原線

——走行する列車のなかで、車窓を楽しみながら本格的ないれ立ての紅茶を飲める。しかも、颯爽としたスチュワーデスが席まで届けてくれる——。

飛行機さながらのサービスが特急ロマンスカーで始まったのは、一九四九（昭和二四）年のことである。戦後初の特急専用列車である一九一〇形に喫茶カウンターが設けられ、シートサービス（席まで運ぶ）形式で紅茶や洋菓子、サンドイッチなどの軽食やウイスキーを楽しめるようになった。このとき、特急ロマンスカーにつけられた愛称が「走る喫茶室」だった。

現代人はコーヒーを飲む人が増えたが、当時は「喫茶」といえば「紅茶」と考える人が多かった。小田急では、紅茶の優雅な雰囲気がロマンスカーにぴったりだと考え、「走る喫茶室」の営業を三井農林《みついのうりん》（日東紅茶《にっとうこうちゃ》）、森永《もりなが》製菓、明治《めいじ》製菓の三社に打診した。

ところが、この打診に対し三社は、すべて辞退してしまう。小田急がその後も粘り強く交渉を重ねた結果、日東紅茶が「紅茶の普及宣伝の一環」としてサービスの実務を担うことになった。

ロマンスカーに華やかな雰囲気をもたらした女性乗務員は「スチュワーデス」（または「コンパニオン」）と呼ばれ、利用者から歓迎された。だが、華やかな見た目と違い、仕事内容は多岐にわたっていた。

彼女たちの仕事は、始発駅の発車前から始まった。まず喫茶カウンターで在庫や機器類の確認を行い、営業に備える。

列車が発車すると、全ての乗客におしぼりとメニューを配り注文をとる。乗客からの声がけを待つのではなく、一席ずつ注文の有無を確認していった。カウンターの乗務員に注文を伝え、できたメニューを各席に届けて料金を受け取る。

食器は使い捨てではなかったので、終着駅が近づくと回収して片づける。駅に着いたら安全を確認してホームに降り、お辞儀をして乗客を送り出す。折り返し列車に備えて座席を回転させるのも彼女たちの仕事だった。

特急ロマンスカーの運転時間は一時間半程度。限られたスペースで業務をこなすのは大変だったが、「ロマンスカーのスチュワーデス」に憧れる女性は多かった。

一九六三（昭和三八）年には森永製菓も「森永エンゼル」ブランドで参入して、「エンゼルティールーム」として営業を開始した。列車内ではそれぞれの女性たちは「日東さ

2016年まで50000形VSEで行われていた「走る喫茶室」のシートサービス。今は定期列車では姿を消したが、貸切のツアー列車として「令和版 走る喫茶室」が運行されたこともある（小田急電鉄提供）。

ん」「森永さん」と呼ばれた。

しかし、時代の流れとともにロマンスカーを利用するのが観光客ばかりでなくなり、シートサービスの継続が難しくなってきた。売り上げも下がり、一九九三（平成五）年には日東紅茶が、その二年後には森永エンゼルが撤退して、ロマンスカーのシンボルともいえたシートサービスは終了した。

「小田急ロマンスカー＝走る喫茶室」のイメージは根強く、二〇〇五（平成一七）年に登場した五〇〇〇〇形ＶＳＥではシートサービスが復活したが、それも二〇一六（平成二八）年に終了。二〇二一（令和三）年には運行体制の見直しによって車内ワゴンサービスもすべて終了してしまった。現在は乗車前に駅で購入するしかない。

江ノ島線

開業後の苦境期を救った運賃半額サービスで駅がパニックに！

昭和初期、開業直後の小田原急行鉄道は営業不振に苦しんだ。そこで箱根山への集客を狙った「週末温泉特急」を走らせる一方で、海水浴客をターゲットとした直球勝負の作戦も展開している。

当時、新宿～片瀬江ノ島間の直通電車は約一時間ごとの運転で、一時間二五分を要していた。江ノ島線は開業初年から、夏季の日曜には電車を増発して海水浴客輸送にあたっていたが、一九三一（昭和六）年頃から、より思い切った策を打ち出した。

それが、往復運賃の半額サービスである。新宿～片瀬江ノ島間の片道運賃が九六銭だったのに対し、七月中旬から八月末までの日曜は、新宿～稲田登戸《いなだのぼりと》（現・向ケ丘遊園《むこうがおかゆうえん》）間の各駅と片瀬江ノ島駅との往復運賃を一律往復九六銭に割り引いたのである。同時に、新宿～片瀬江ノ島間を一時間一〇～一五分で結ぶ直通急行を一五～二〇分間隔で運行した。

小田急の戦略は見事に当たった。驚くほどの人気を呼び、日曜ごとに小田急電車は超満員の海水浴客を乗せて新宿～片瀬江ノ島間をピストン輸送したという。

その盛況ぶりを伝える逸話がいくつかある。たとえば「一日の売上げの記録が破られるときは電車の窓ガラスも破れた」「トイレのなかまですし詰めだったので、何人いるのか数えたら一二人もいた」「天気が悪いと赤字になるから、朝起きるとひたすら晴れることを祈った」……。こんな逸話がいくつも残っているのである。

小田急の夏季限定の半額割引と大増発は、やがて夏の風物詩となり、江の島海水浴の大盛況は、戦後も復活した。

一九五二（昭和二七）年には初の海水浴特急が登場し、一九五六（昭和三一）年には江ノ島海岸に初のビーチハウスが誕生した。また、一九五八（昭和三三）年には小田急シーサイドパレスがオープンした。さらに一九五七（昭和三二）年には、夏季割引乗車券二一万四〇〇〇枚を発売。普通往復乗車券四万七四〇〇枚と合わせて二六万一四〇〇枚を達成し、直通客だけで二八万人を輸送。戦前戦後を通じての新記録を樹立した。

小田急の海水浴客輸送は一九六〇（昭和三五）年をピークに、徐々に減少していったが、江ノ島と湘南海岸への観光客輸送は今も脈々と続いている。出発地からの往復と江ノ島や鎌倉エリアのフリーパスがセットになった『江の島・鎌倉フリーパス』や往復乗車券と観光施設の割引入場券がついた『えのすい小田急セット券』『江の島シーキャンドルセット券』など多彩なきっぷが販売されている。

納涼電車に猪電車……
戦後のユニーク行楽列車が行く

小田原線
江ノ島線

戦前の小田急は、業績不振から半額割引のような思い切った施策を打ち出してきたが、戦後もさまざまなアイデア商品を打ち出し、増収に努めてきた。

とくに戦後の混乱期を脱した一九五〇年代に入ると、人々の娯楽への需要が高まり、ユニークな企画が生まれている。

一九五一（昭和二六）年の夏に誕生したのは、特急用車両をビアホールならぬビア電車に仕立てた「納涼電車」である。

昼間の通常運行を終えた特急用車両を夜間に活用したもので、内装にはヘチマ棚を設けたほか、風鈴や提灯《ちょうちん》を飾って乗客の納涼気分を盛り上げ、生ビールを販売。窓がいっぱいに開いた電車のなかで乗客たちがジョッキをかたむけるあいだ、列車は新宿～片瀬江ノ島間を時速六〇キロで走った。

片瀬江ノ島に到着後は、乗客たちが江の島の海辺で二時間ほど夕涼みし、再び同じ電車で新宿に帰るという趣向だった。

贅沢な時間が過ごせるのに、通常の特急料金よりも安かったことから好評を博し、釣り客を対象に一九四九（昭和二四）年から運行された深夜列車の「鮎電車」とともに、夏の定番列車として定着した。

夏の「納涼電車」「鮎電車」に対し、冬の人気列車が、一九五五（昭和三〇）年の一月に始まった、「猪電車《いのしし》」である。

この電車は、丹沢《たんざわ》の温泉郷への日帰り温泉ツアーのようなもので、乗客たちは現地で温泉に入り、野趣に富んだ猪鍋を囲むという内容だった。「猪電車」は会員制で、冬のあいだ毎週日曜日に実地され、一九八〇年代まで運行された。

さらに、一九五六（昭和三一）年の秋には、急行「丹沢号」の運行を開始した。丹沢はその前年、神奈川国体山岳部門の舞台となったことから、登山客が急増していた。そこで週末の夜に丹沢へ向かう登山客を対象にした行楽列車を運行したのである。

小田急の戦略は当たり、大秦野《おおはだの》と渋沢《しぶさわ》の両駅から丹沢に入った登山者は、前年の四万七八〇〇人から、七万五三〇〇人へと増加した。そこで一九五七（昭和三二）年から通年運行としたところ、五年後には、登山者がおよそ三〇万人にまで増加した。

現在、小田急にとって丹沢は箱根と江の島につぐ「第三の観光地」となっている。その下地を作ったのが、「猪電車」や「丹沢号」などの行楽列車だったといえるであろう。

ついに実現した悲願の「新宿～小田原間六〇分切り」

小田原線

小田急が東急から分離独立した一九四八（昭和二三）年、社内に設けられた輸送改善委員会で、「新宿～小田原を六〇分で結ぶ」という目標が立てられた。

当時の新宿～小田原間を走る特急の所要時間は最速一〇〇分。六〇分というのは夢のまた夢の話だったが、戦争が終わり、平和な時代を迎え再出発を果たした新生小田急が掲げるのにふさわしい目標だった。

この六〇分という数字は、箱根への日帰り行楽を意識したものである。当時の箱根は裕福な人が宿泊する高級温泉街というイメージが強かった。新宿～小田原間が一時間となれば、手軽な日帰り行楽圏として宣伝できる。箱根観光を大衆化するための数字だった。

スピードアップのために、小田急がまずとり組んだのが、軽量で高性能な車両の開発だった。また、線路の強化のためにレール、枕木《まくらぎ》、ポイント、架線、踏切設備、信号機など、多くの構造物を改良する必要があった。場合によっては路盤をつくり替えたり、橋を架け替えなくてはならず、乗客の目に触れないところでも莫大な費用がかかる。だが、うまくいけば特急だけではなく普通列車や急行もスピードアップできるし、乗り心地もよりよくなる。乗客へのサービスにもつながるだろうと考えられた。

しかし小田急の路線は、ほかの大手私鉄に比べても急勾配が多く、スピード化には不利な条件があった。

それでも問題を一つ一つ解決し、新宿〜小田原間の所要時間は着々と縮まった。一段とスピードアップが進んだのは、ロマンスカー三〇〇〇形SE車の登場で、一九六三（昭和三八）年には、先頭に展望室を備えた三一〇〇形NSE車が新宿〜小田原間をノンストップで走行し、六二分という記録を打ち立てた。

だが、その後は沿線人口の増加から列車本数が激増し、各駅停車などの先行列車に制約されて六〇分を切れない時代が半世紀以上続いた。

新宿〜小田原間がついに六〇分を切ったのは、代々木上原〜登戸間の複々線が完成した二〇一八（平成三〇）年三月改正である。複々線化によって、先行列車に制約されずに走れるようになり、新宿〜小田原間ノンストップの「スーパーはこね」が新宿〜小田原間五九分を実現した。

もっとも、今は数分の速さよりも利便性が求められる時代。その後、五九分運転の「スーパーはこね」は削減され、二〇二三年現在は土休日の下り一本だけとなっている。

小田急の運転士が国鉄路線を運転していたってホント？

小田原線

現在、他社路線に直通運転する電車は、走行する路線が所属する鉄道事業者の運転士が運転する。小田急の車両でも東京メトロ線内では東京メトロの運転士が運転する。

だが、かつては小田急の運転士が、国鉄御殿場線で小田急の車両を運転していた。

御殿場線への乗り入れは、早くから小田急の重要課題だった。新松田付近から、国府津と沼津を結ぶ御殿場線と直通運転を行なえば、富士と箱根の観光を一体化させ、観光路線を広げられると考えられたからである。だが、スムーズには進まなかった。

構想は戦時中からはじまり、終戦直後には当時小田急を統合していた東急電鉄による「鉄道業復興三カ年計画」の第一項に、御殿場線の電化を運輸省に申請するための「小田原線の御殿場線乗り入れ」がうたわれた。だが、建設費が巨額になることや、全国の鉄道状況から見て、運輸省（現・国土交通省）が電化の順番を後まわしすると考えられた。そこで御殿場線全線を東急による受託経営とする案が検討されたが、実現には至らなかった。

やがて「大東急」が解体されて小田急をはじめとする各社が分離・独立すると、御殿場線の受託経営案は立ち消えとなった。

小田急は独立後、一九五〇（昭和二五）年に箱根湯本への乗り入れを開始した。しかしのちに箱根山戦争（一四二ページ）が勃発し、あらためて御殿場から乙女峠《おとめとうげ》を経て箱根に至るルートの重要性が注目された。

そこで一九五二（昭和二七）年、小田急は国鉄総裁に対し、気動車による御殿場線乗り入れを申請する。新松田に新設する短絡線を経由し、松田《まつだ》〜御殿場間に乗り入れるというもので、一九五五（昭和三〇）年に承認された。

急勾配が続く御殿場線に対応するため、小田急は当時の国鉄気動車の標準エンジンを二基搭載し、三六〇馬力を実現した気動車（キハ五〇〇〇形）を製造した。

これは、小田急にとって初の気動車であった。エンジンで動く気動車は、内燃動車といって運転資格が電車とは異なる。そこで小田急の運転士は、国鉄の機関区と養成所で内燃動車についての教習と国鉄の運転規則・保安システムを学んだのである。

小田急車両を国鉄路線で運転する小田急社員

考査の結果は、全員が合格。こうして小田急側の準備は整ったのだが、国鉄側で問題が発生した。

御殿場線は、当時全列車が蒸気機関車による運行で、逆に内燃動車を運転できる要員がいなかったのだ。そこで、直通列車は全区間を小田急の乗務員が運転することになった。

一九五五（昭和三〇）年、新宿～松田～御殿場間で、初の直通準急列車が運行を開始した。国鉄線内を私鉄の運転士が乗務するのは前代未聞だったが、小田急の乗務員は御殿場線と国鉄の規則をよく身につけており、極めてスムーズだったという。

こうして新宿～御殿場間が一時間四〇分で結ばれると、見込み通り東京から御殿場方面への旅客が増加した。「銀嶺《ぎんれい》」と「芙蓉《ふよう》」による一日二往復のダイヤが組まれたが、四年後には一日四往復となり、富士山南麓の朝霧高原にちなんだ「朝霧《あさぎり》」、御殿場と箱根の間にある長尾峠《ながおとうげ》からとった「長尾」が加わった。

気動車は長らく利用者に愛されてきたが、一九六八（昭和四三）年にその姿を消す。御殿場線の電化にともない、車両が電車に置き換えられ、列車名は「あさぎり」に統一。小田急社員による国鉄路線の運転も見られなくなった。現在は特急「ふじさん」として運行されている。

第七章

どちらがはじまり？地名と駅名のふかーい関係

「新宿」のルーツは内藤家の屋敷跡に新しくつくられた宿

新宿
しんじゅく
OH 01

新宿は小田急の起点であり、都内随一の繁華街である。この新宿という地名は、「内藤《ないとう》新宿《しんじゅく》」を略したものである。

内藤新宿（新宿御苑の北側）の由来は、一六九八（元禄《げんろく》一一）年にまでさかのぼる。信《しん》州《しゅう》高遠《たかとお》藩・内藤家の屋敷跡の一部に、浅草阿部川町（台東区）の名主だった高松喜兵衛《たかまつきへえ》、市左衛門《いちざえもん》、忠右衛門《ちゅうえもん》、嘉吉《かきち》、五兵衛《ごへえ》らが、現在の新宿御苑北側に新しい宿《しゅく》をつくった。「内藤家の屋敷跡」にできた「新しい宿」ということで、以後、周辺が内藤新宿と呼ばれるようになったのである。

では、なぜこの場所に新しい宿場が誕生することになったのか。

戦国の世が終わり、江戸に幕府を開いた徳川家康《とくがわいえやす》が一番に手をつけたのは、交通網の整備だった。全国支配のため、江戸と各地を結ぶ街道を設けることは急務であり、江戸日本橋を起点とした東海道《とうかいどう》、甲州道中《こうしゅうどうちゅう》、奥州《おうしゅう》道中、日光《にっこう》道中、中山道《なかせんどう》の五本の主要な街道をつくると、四代徳川家綱《いえつな》の時代に基幹街道に定められた。

内藤新宿は、甲州道中における最初の宿にあたる。甲州道中は、江戸日本橋《にほんばし》から甲府《こうふ》を通り、下諏訪《しもすわ》に至る街道だったが、整備されたばかりの頃の最初の宿は高井戸《たかいど》だった。起点である日本橋から高井戸までの距離は約一六キロメートルもあり、徒歩で旅行する者にとってはかなり遠かった。そこで、日本橋と高井戸の中間点にもう一つ宿を設けることになり、誕生したのが内藤新宿だった。

その後、五街道のうち東海道の最初の宿である「品川《しながわ》」、中山道の最初の宿である「板橋」、奥州道中と日光道中の最初の宿である「千住《せんじゅ》」、そして甲州道中の最初の宿である「内藤新宿」の四つの宿は「江戸四宿《ししゅく》」と呼ばれ、おおいににぎわった。

ところが、一七一八（享保《きょうほう》三）年、内藤新宿は突如廃止されてしまう。理由は定かでないが、歓楽街でもあったため、徳川吉宗《よしむね》による享保の改革の一環で廃止された説が有力である。だが一七七二（明和《めいわ》九）年に内藤新宿が再興すると、甲州道中だけでなく、新宿追分で分岐する青梅《おうめ》街道沿いにも拡大し、物流の拠点となった。内藤新宿を中心に四谷《よつや》から角筈《つのはず》にかけて問屋街が形成されるなど、往時の活気をとり戻している。

明治維新以後は、物資の輸送や旅客の移動は街道から鉄道へと移り、宿としての内藤新宿は役目を終えた。だが、「新宿」という地名は、一九二〇（大正九）年四月一日の四谷区編入後に正式に登録され、かつての賑わいを現在に伝えている。

「経堂」は経典が納められた石室があったのが由来？

小田原線経堂駅は、一九二七（昭和二）年の開通時に開業した駅で、当時、工場や車庫が併設された、新宿方の拠点駅であった。

のちにそれらの設備は移転し、駅だけとなったが、跡地に商業施設が集まり再開発された。現在の経堂コルティ付近がそれにあたる。駅付近には、北口に「すずらん通り商店街」、南口に東京農業大学にちなむ「農大通り商店街」など五つの商店街が広がり、シングルからファミリーまで、幅広い世帯に住みやすい町として人気がある。

「経堂」というお寺のような地名は、どこから来たのだろうか。じつは由来に関する定説はないのだが、いくつかの説がある。

一つ目は、「経典《きょうてん》を納めたお堂」由来説である。

『新編《しんぺん》武蔵《むさし》風土記稿《ふどきこう》』によると、中世、この近辺は世田谷《せたがや》吉良《きら》氏が支配していた。あるとき、一族の者が仏教の経典を石室に納め、その石室を地下に埋めてその上に小さなお堂を建てた。以後、「経典を埋めた地に立つ小さなお堂」から、あたりを「経堂」と呼ぶようになったというものである。これだけだと伝説の一つに過ぎないが、この話には続きがあり、一六五九（万治《まんじ》二）年、烏山用水《からすやまようすい》の工事中に石室が見つかったといわれている。

二つ目は、「経堂＝京堂」説である。

かつてこのあたりに京風の様式のお堂が建てられていて、それを珍しがった人々が、「京堂」と呼ぶようになったという。実際に江戸時代の『武蔵田園簿《むさしでんえんぼ》』には「京堂在家村」の記述がある。だが一方で、同じく江戸時代に記された『元禄郷帳《げんろくごうちょう》』には「荏原郡経堂在家村」とあり、「京堂」が先か「経堂」が先かは明らかになっていない。

そして三つ目は、「一切経《いっさいきょう》を祀るお堂が建つお屋敷の愛称」説である。

この説は『新修世田谷区史』に見えるもので、その昔、松原土佐守弥右衛門《まつばらとさのかみやえもん》という中国からの帰化人のお屋敷があった。弥右衛門は漢方を専門にした幕府のお抱え医師で、その敷地内には「一切経」を祀るお堂が作られていた。弥右衛門はのちに僧侶を招き、屋敷を寺として使わせたといい、その寺は現在も経堂駅から徒歩一分の場所に建つ経堂山福昌寺《ふくしょうじ》だと伝わる。周辺に住む村人たちは、「経文を祀るお堂」がある屋敷をいつしか経堂と呼ぶようになり、やがてそれが地名として定着していったのだという。

いずれの説も決定的な証拠に欠け、定説はない。どれが正しいのか、更なる史料の発見が待たれる。

「柿生」はその名もズバリ、「甘柿の発祥地」からの命名！

柿生
かきお
OH24

小田原線柿生駅の駅名は、小田急線開通時にあった柿生村の名に由来する。柿生村は一八八九（明治二二）年の市制・町村制施行により、武蔵国《むさしのくに》都筑郡《つづきぐん》の一〇の村が合併して誕生した村である。その村の名の由来は「柿」の字が使われていることからも容易に推測できるように、柿の生産地だったためである。それも「一生産地」というだけでなく、柿発祥の地でもあった。

この地に自生する柿が見つかったのは、鎌倉時代のこと。一二一四（建保《けんぽう》二）年、王禅《おうぜん》寺《じ》（現・川崎市麻生区王禅寺）にある星宿山蓮華院《れんげいん》の再築用建材を山中で切っていたところ、柿がなる木があった。この柿は小ぶりながら甘さも十分だったといい、日本最古の甘柿「禅寺丸柿《ぜんじまるかき》」と呼ばれた。

禅寺丸柿は一六四八（慶安《けいあん》元）年頃から栽培が盛んになり、一九二一（大正一〇）年の柿生村の生産量は九三八トンにまで達している。その後は、新たな柿種の登場や都市開発の影響で柿の木が減少したことにより、徐々に生産量を減らし、昭和四〇年代半ばには、一旦市場から消えてしまった。

その後、日本最古の希少な柿を絶やしてはいけないとの思いから、一九九五（平成七）年に地域の人々が「柿生禅寺丸柿保存会」を結成。その努力が実り、二〇〇七（平成一九）年には、麻生区内で七本（王禅寺内三本、真福寺《しんぷくじ》内三本、岡上一本）の禅寺丸柿が国の登録記念物に指定された。

この日本最古の甘柿とはどんな味なのか。

禅寺丸柿は現在一〇〇〇本程度まで減っており、一般的な市場にはほとんど流通していない。毎年一〇月頃に柿生駅前で行われる「禅寺丸柿まつり」でその味わいを楽しめるほかは、一部の通信販売や、川崎エリアの農産物販売所くらいでしか購入できない。地元でも貴重な柿なのである。

さらに、毎年数量限定ながら、禅寺丸柿を使った柿ワイン『禅寺丸』が一二月頃から発売される。ほのかな柿のアロマとソフトな口当たりのやや甘口のワインなので、ワインの苦手な人でも飲みやすいという。

なお、現在「柿生」という地名は存在しない。

一九三八（昭和一三）年に柿生村が川崎市に編入された時に失われ、以後は駅の名がその名残となっている。

小田急の「相模原」駅は、後発の国鉄に駅名を奪われた!?

小田急相模原
おだきゅうさがみはら
OH 29

小田急小田原線の「小田急相模原駅」とJR横浜線の「相模原駅」。どちらも「相模原」駅であることから、近くにあるように思える。

だが、小田急相模原駅の所在地は相模原市南区南台三丁目で、JR横浜線の相模原駅の所在地は相模原市中央区相模原一丁目。同じ相模原市ではあるものの、二つの駅は約九キロメートル、車で二〇分もかかるほど離れている。

どうして紛らわしい駅名をつけたのかといぶかしく思うが、ここには理由があった。

まず、「相模原駅」の元祖は小田急である。小田急の「相模原駅」が開業したのは一九三八（昭和一三）年のことで、その少し前まで周辺は小さな集落がまばらにある程度のさびしい場所で駅はなかった。

ところが、昭和一〇年代に軍の施設が次々と建てられたことで、駅が設置された。当時、相模原という地名は存在しなかったが、軍事施設の整備にともなう都市建設の事業名として「相模原軍都《ぐんと》計画」が有力視されていたため、駅名に「相模原」が採用されたとされる。

小田急の相模原駅は、傷病兵を収容するためにできた臨時東京第三陸軍病院の開設にともなって開業したことから、正式な駅名とは別に、「国立病院前」と呼ばれることも多かった。

そして小田急の相模原駅開業から三年後の一九四一（昭和一六）年四月二九日、自治体として相模原町が誕生する。上溝、座間、相原《あいはら》、大野《おおの》、大沢《おおさわ》、田名《たな》、麻溝《あさみぞ》、新磯《あらいそ》の二町六村が合併し、相模原町は当時、日本最大規模の町といわれた。

省線（国鉄／現・ＪＲ）横浜線沿いに多くの軍施設が建設されたことから、相模原町誕生の同年、横浜線では新しい駅を設置することになった。そこで駅を設置する場所は「相模原軍都計画」における都市計画の中心地とし、駅名を「相模原駅」とした。

「相模原駅」はすでに小田急線に存在していたが、これだけ離れた二駅が同じ駅名を名乗るわけにはいかない。当時国鉄の権威は絶大であり、先発である小田急の相模原駅が改称することになった。もとの駅名に自社名をつけて「小田急相模原」駅へと改称したのである。

理由あっての同駅名ではあるが、やはり利用者にとってはややこしいことこの上ないのは確かで、現在の沿線の住民は、ＪＲ横浜線相模原駅を「さがみはら」、小田原線小田急相模原駅を「おださが」と呼びわけている。

「相武台前」駅が、二度も改称している深ーいワケ

相武台前
そうぶだいまえ
OH 30

小田原線相武台前駅は、開業後二度の改称を経て現在の駅名となっている。この改称の理由を調べてみると、日本の戦時中の歴史が垣間見られておもしろい。

相武台前駅が開業したのは、小田原線が開業した一九二七（昭和二）年で、当時の駅名は「座間駅」といった。その後、相模原一帯に軍の施設が続々と移転してきて、前項の「相模原軍都計画」が持ち上がった。

陸軍士官学校もその一つである。もともとは東京の市ケ谷台《いちがやだい》にあったが、生徒数が増加し本科と予科への分離を考えたこと、東京の都市化が進み、東京市内に広い練兵場のスペースが確保できなくなったことにより、本科の神奈川移転が決まった。

一九三六（昭和一一）年には、移転のために約六六一万一六〇〇平方メートル（約二〇〇万坪）の土地を買収し、翌年の一九三七（昭和一二）年九月には第一期工事が完了した。

これにより、駅名は座間駅から「士官学校前《しかんがっこうまえ》駅」へ改称された。

当時は軍の勢力が強かった時代であることを考えれば、軍施設の名を冠することは、ご

く自然な流れだったといえる。

同年一二月二〇日には、昭和天皇ご臨席のもと、卒業式が行なわれた。このとき、昭和天皇は、「武を練り鋭を養う土地」といった意味を込めて、学校所在地を「武を相（み）る」＝「相武台」と名づけ、以後、陸軍士官学校は「相武台」の別名で呼ばれるようになった。

「士官学校前駅」が改称の方向に向かったのも、これがきっかけだった。だが、当時は、天皇のお言葉をそのまま駅名に使うなど畏れおおいこととして、軍からは反対意見が出された。

そこで最終的につけられたのが「相武台前駅」という駅名だった。「相武台」に「前」をつけただけではあったが、「相武台前ならよろしい」と軍が同意したのである。

意外にあっさりと改称が決まったのには、わけがあった。

それまでの「士官学校前駅」という駅名では、戦争中、敵に対して「ここに軍の施設がありますと」と宣伝しているようなものである。それはよくないという意見があったことから、天皇陛下のお言葉を元に変更した、現在の駅名に改称されたのである。

駅名に「温泉」をつけたりとったり繰り返した鶴巻温泉駅

鶴巻温泉
つるまきおんせん
OH 37

都内や横浜への通勤圏であり、住宅地として人気の小田原線鶴巻温泉駅《つるまきおんせん》は、その名のとおり、温泉の湧き出る地であることにちなんで命名された駅である。だが、実はこの駅名は、「温泉」という文字がつけられたり、とられたりといったことを何度も繰り返した過去がある。

鶴巻の地に温泉が湧出《ゆうしゅつ》したのは一九一四（大正三）年頃（一八八九年頃という説もある）とされる。井戸水がどうも塩辛く、飲料や田畑の用水に適さないので、浴用に使ってはどうかという意見があったのがはじまりで、さっそく温泉旅館が開業した。

その後、続々と温泉旅館が開業するようになり、いつしか都心に近い温泉地としてにぎわいを見せるようになった。温泉水は、一リットルに一三〇〇ミリグラムのカルシウムを含み、含有量が豊富で世界一といわれたこともあった。とくに、神経痛、婦人病、外傷などに効用があるといわれ、多くの湯治客《とうじ》が訪れたのである。

ところが、関東大震災が発生したことで、温泉施設は一度、壊滅してしまう。

駅が開業したのは、ちょうどこの頃にあたる一九二七（昭和二）年。温泉街が機能を停止していたこともあって、当時の駅名に温泉の二文字はなく、ただの「鶴巻駅」だった。だが、小田急電鉄の初代社長である利光鶴松《としみつつるまつ》は、鶴巻付近を温泉郷とする構想を練っていたという。実際に、約一六万五三〇〇平方メートル（五万坪）の土地を買収や借地して、旅館や別荘の誘致に努めた。

利光の努力の結果、一九二九（昭和四）年に温泉旅館「平塚園《ひらつかえん》（のちに陣屋《じんや》と改名）」が復興した。さらに利光がひいきの料亭の女将を口説いて始めさせた温泉旅館「光鶴園《こうかくえん》」が、その一カ月後に開業する。

平塚園（陣屋）と光鶴園の二大温泉旅館が開業したことにより、温泉地としての施設が整ったと見た小田急は、満を持して「鶴巻駅」を「鶴巻温泉駅」へと改称。一九三〇（昭和五）年のことである。こうして、新宿から小田急に乗って一時間ちょっとで行ける「東京の奥座敷」は、再び人気の行楽地になった。

ところが、その栄華は長くは続かなかった。戦争が始まり、国の非常時にレジャーに直結した駅名は不適切であるとされ、一九四四（昭和一九）年、「鶴巻駅」に戻されてしまったのである。ふたたび「温泉」の文字が駅名につけられたのは、終戦から一三年後の一九五八（昭和三三）年で、以降は現在まで鶴巻温泉駅の名が続いている。

大学に頼まれて、名前を変えた駅

六会日大前
むつあいにちだいまえ
OE 10

江ノ島線六会日大前《むつあいにちだいまえ》駅の周辺には、日本大学湘南《しょうなん》校舎と日本大学藤沢高等学校がある。駅名の由来に日本大学（日大）の存在があることは容易に想像がつくであろう。

では、「日大」の前につく「六会」とは何か。

結論からいえば、「六会」は、かつての地名である。一八八九（明治二二）年、亀井野《かめいの》、石川、西俣野、円行《えんぎょう》、今田、下土棚《しもつちだな》の六つの村が合併した折、「六つの村が出会った」という意味から六会村と命名された。

現在の六会日大前駅の開業は、江ノ島線の開業と同時の一九二九（昭和四）年で、はじめは地名そのままの「六会駅」と命名された。だが、行政区画としての六会の地名は、一九四二（昭和一七）年、六会村が藤沢市に編入された時に消えてしまう。

「六会」は藤沢市に編入されたあとも、駅名として残っていた。しかし、その駅名も改称されるときがやって来る。日本大学から要請があったのだ。

日本大学は、一九四三（昭和一八）年、六会駅の西側に農学部を開設した。農学部はのちに農獣医学部に変更され、二〇〇〇（平成一二）年には生物資源科学部となり現在に至っている。付属の日本大学藤沢高等学校も設立し、駅の利用者の多くは日大関連の学生となっていた。そこで、一九九四（平成六）年頃に、日本大学から小田急電鉄へ「ぜひ駅名に〝日大〟を入れてほしい」と申し入れが行われた。

駅名を改称するには、すべての駅の表示板や路線図、地図などを修正する必要があり、億単位の費用がかかる。一説には日本大学が費用を負担したともいわれている。

当初、検討された駅名は「湘南日大前駅」だった。１９９５（平成七）年一月に、地元藤沢市にこの案が伝わると、地域では「古くからの地名を残してほしい」という声が少なからず上がった。藤沢市議会にも「駅名を残してほしい」という陳情と「湘南日大前駅に改称してほしい」という陳情が行われたが、いずれも「鉄道事業者が決めること」として不採択となっている。

結局、長年親しまれた「六会」に配慮し、一九九八（平成一〇）年六月、「六会日大前駅」への改称が発表され、同年八月二二日に改称された。

六会日大前駅と同じように、大学側の要請に従って駅名が改称された駅がもう一つある。「大根《おおね》駅」の近くに東海大学が開設され、大学側から改称の要望が上がったため、一九八七（昭和六二）年、現在の「東海大学前駅」となった。

桜ケ丘駅の駅名が、候補の「桜株」から変えられた理由

桜ヶ丘
さくらがおか
OE 06

江ノ島線の大和～桜ケ丘《さくらがおか》～高座渋谷間は、桜の名所が多く、毎年花見シーズンになると、各所でイベントが開かれている。なかでも桜ヶ丘駅のある「桜ヶ丘桜まつり」は、大和市の歴史ある祭りで、桜見物だけでなく、金毘羅《こんぴら》神社の神輿や民謡おどり、大道芸などの催し物が行なわれ、大勢の客でにぎわう。

桜ヶ丘駅は一九五二（昭和二七）年に開業した駅で、その由来は古くから名物とされる桜にちなむ。「〇〇ヶ丘」という地名は全国に見られるが、そのほとんどはニュータウンなど新しいまちにつけられた名称である。周辺には古くから「桜株《さくらかぶ》」という地名があった。では、なぜ「桜株」ではなく「桜ヶ丘」となったのか。

桜株という地名の由来は、いくつか伝わっている。一つは、江戸時代、このあたりは滝《たき》山《やま》道と中原《なかはら》街道が交差していた地点で人々の往来も多かった。そうした旅人の目を楽しませるために桜が植えられ、桜株と呼ばれるようになったというものである。

また、次のような言い伝えもある。

――上州《じょうしゅう》小栗《おぐり》の城主だった小栗満重《おぐりみつしげ》が、謀反の疑いをかけられたときのこと。満重をとらえようと、鎌倉管領の上杉《うえすぎ》氏が満重を追ってきたので、満重は商人に変装して三河国《みかわのくに》へ逃げのびようとした。このとき、満重が乗っていた馬に引っかかっていた桜の枝がポトリと落ち、その場にささった。すると、枝がぐんぐんと成長して大木になったため、桜の枝がささった場所を「桜株」と呼ぶようになった――。

いずれの説も江戸時代より伝わるもので、地名として根づいていた。名物の桜もアピールできて、これほどふさわしい駅名はなかったはずだった。

だが、地元の人々にとって、桜株という言葉には悲惨な記憶があった。

一九三六（昭和一一）年一〇月二三日、渋谷小学校の生徒たちが大和小学校の運動会を見学に行った帰り道、自動三輪車が通りかかった。当時、自動三輪車は珍しく、子どもたちは興味を持った。親切な運転者は子どもたちを自動三輪車に乗せてあげたのだが、自動三輪車は踏切で片瀬江ノ島行きの電車と接触。事故により、一一名が命を落とし、二名が重傷を負う大惨事となった。

事故が起きた踏切は通称・桜株踏切と呼ばれていた。戦前の話とはいえ、桜株の名から悲惨な事故を思い浮かべてしまう人が多いということで、新駅開業にあたっては、古い地名に現代的な響きを持たせた「桜ヶ丘」に決定したといわれる。

大和市の「やまと根岸通り」は「ノーベル賞の根岸さん」が由来？

南林間
みなみりんかん
OE 03

大和市の江ノ島線南林間駅には「やまと根岸通り」と命名された「世界に誇る大通り」がある。駅を挟んで東口の市道約四七〇メートル、西口の市道約一二一〇メートルの二つの通り、合わせて一七〇〇メートルほどの区間である。

見たところ普通の市道だが、なぜ「世界に誇る」通りなのか。

じつはこの道路、単身アメリカに渡り、有機化学の分野で業績をあげて、二〇一〇（平成二二）年のノーベル化学賞を受賞した根岸英一《ねぎしえいいち》氏を称えて命名された道路なのである。

根岸さんの受賞理由は「有機合成におけるパラジウム触媒クロスカップリング」というもの。炭素同士の結合を、より効率よくできるようにするもので、今では製薬や液晶をつくるのに欠かせない技術になっている。そして、この革新的な技術を成し遂げた根岸氏が、少年時代から学生時代までを過ごしたのが、ここ南林間駅のある街だった。

受賞が発表されると、地元南林間は大騒ぎになった。「一九二九年に南林間の街ができて以来、これほど嬉しいことはない。偉業を後世に伝えるべき」と、市民のあいだから声

「やまと根岸通り」東口。左から右に向かって走る道が「やまと根岸通り」で、その手前には命名板が立てられている。同様の命名板は、西口駅前広場にも設置されている。

が上がり、地元の人が普段から目にする駅前道路に根岸氏の名前をつけ、永くその業績を伝えようと決まった。

二〇一一（平成二三）年、地元の六つの自治会、商工会、ＰＴＡなどで構成される『南林間地区街づくり協議会』が、大通りの名称を市民から公募し、応募数がもっとも多かった「やまと根岸通り」の名前が選ばれたのである。

現在は、駅の東西に命名の由来を記したアルミプレート製の「命名板」が設置されている。また、根岸氏が住んでいた近くの六条通り、十条通り、通学していた林間小学校の三箇所にはアルミ製の標識（高さ一・二メートル）も置かれ、その偉業を称えている。

近くに「長後駅」がないのに不可解だった「新長後駅」の謎

長後
ちょうご
OE 08

江ノ島線長後《ちょうご》駅は、小田急江ノ島線の藤沢市内に九つある駅の最初の駅である。一九二九（昭和四）年四月一日の江ノ島線全線開通にともない開設されたが、最初は「新長後」駅と名づけられた。

付近に長後駅という駅があったから「新」をつけたのでは、と思うところだが、当時の路線図を見ても、「長後」という名の駅は存在しない。わざわざ「新」をつけたのには、何か理由があるのだろうか。まずは長後の地名由来を探ってみよう。

長後の由来には三つの説がある。一つはその昔、このあたりが高座郡の長であったため、「長の郷」の意味から「長郷」と呼ばれ、やがて「長後」になったというものである。二つめは、この地を治めた領主の渋谷《しぶや》重国《しげくに》が入道して、長後坊を名乗ったことに由来するという説である。

三つめは、一二八二（弘安《こうあん》五）年に、一遍上人《いっぺんしょうにん》が鎌倉へおもむく際、「ながさご」という地に三泊したという記録があり、この「ながさご」が、長後を指しているという説である。

ここで、長後から一度離れて、駅の東側にかつてあった「藪鼻《やぶはな》」と呼ばれる地域の歴史をたどる必要がある。八王子と藤沢を結ぶ滝山街道が南北に走っていて、この道に直交するように大山《おおやま》参詣の大山街道が東西に走っている。その道が交わったところは江戸時代の頃から交通の要衝といわれ、多くの宿《しゅく》や店が立ち並び宿場として栄えていた。

さらに明治に入ると一帯の農家で養蚕《ようさん》が盛んになり、製糸工場も建てられて大変なにぎわいを見せた。このにぎわいから、地域は村であるにもかかわらず、「長後町」と呼ばれていた。

一九二九（昭和四）年に江ノ島線が建設されると、この場所に駅が設置されることになった。駅は長後町（藪鼻）の最寄りとなっていたが、駅の所在地は「六会村大字下土棚」であった。「六会駅」の名称は別の駅（現在の六会日大前駅）に使用されることが決まっていた。一方で、ここが長後町にあるわけでもない。そこで、「長後町最寄りの新しい駅」という意味で「新長後駅」と命名されたといわれている。

駅名から「新」がとれて「長後駅」となったのは、それから二九年後の一九五八（昭和三三）年。一九四二（昭和一七）年に六会村が、一九五五（昭和三〇）年に長後が藤沢市に合併編入されたことをきっかけに、すっきりと「長後駅」に改められたのである。

「豪徳寺」と「山下」、乗り換え駅なのになぜ名前が違う？

豪徳寺
ごうとくじ
OH 10

小田原線豪徳寺駅の駅名は、駅から南へ一〇分ほど歩いたところにある寺の名前からつけられた。

豪徳寺は、彦根藩井伊《ひこねはんいい》氏の菩提寺で、その昔は、寺をふくむ一帯が井伊氏の領地だった。

井伊氏の祖は、徳川家康《とくがわいえやす》に仕えた四天王（酒井忠次《さかいただつぐ》・榊原康政《さかきばらやすまさ》・本多忠勝《ほんだただかつ》・井伊直政《なおまさ》）の一人、井伊直政である。その直政のあとを継いだのが直孝《なおたか》で、徳川二代将軍秀忠《ひでただ》、三代将軍家光《いえみつ》、四代将軍家綱《いえつな》に仕えた幕閣の重鎮とされた。

豪徳寺は、この直孝とのかかわりが深い。

――ある夏の日のこと。直孝がこの地を通りかかり、寺の門の前に差しかかったところ、猫がしきりに手招きをしている。いぶかしく思いながら寺のなかに入ると、門前の杉に雷が落ち、豪雨となった。直孝は、猫に命を救われたと考え、当時おちぶれていた寺の殿堂を新設したほか、興隆に尽力。井伊家の菩提寺になり、直孝が亡くなった際にはこの地に葬られ、当時の寺号であった「弘徳院《こうとくいん》」をあらため、直孝の法号「久昌院殿豪徳天英大居士」から「豪徳寺」となった――。

豪徳寺の境内には、現在、多くの招き猫が並べられている。これは、直孝の命を救い、寺を再興させた猫を幸運の証としたためで、招き猫の発祥地とされている。

話を冒頭の豪徳寺駅へ戻そう。この豪徳寺駅の出口から小田原方面へ五〇メートルほど行ったところには、東急世田谷線《とうきゅうせたがや》の山下駅《やました》があり、両者は乗り換え駅の関係にある。それなのに、なぜ別名となっているのだろうか。

実は戦前、世田谷線の前身である玉電《たまでん》（玉川電気鉄道）の時代、この山下駅とは別に、三軒茶屋《さんげんぢゃや》寄りに「宮ノ坂駅《みやのさか》」と「豪徳寺前駅」という二つの駅があった。だが、小田原線の豪徳寺駅と、玉電の宮ノ坂駅・豪徳寺駅は離れており、紛らわしいという問題があった。

一九四五（昭和二〇）年七月、豪徳寺前駅を現在の世田谷線宮の坂駅の位置に移設・統合し、新たに「宮ノ坂駅」と改称。世田谷線の豪徳寺最寄り駅は「宮の坂」であるため、山下駅の名は古来の地名を残す形となった。

小田原線の豪徳寺駅は豪徳寺の裏手に位置し、山門までは徒歩一五分ほどかかる。少し離れた場所ではあったが、路線の宣伝の意味もあって、敢えて知名度のある「豪徳寺」の名称を使用した。

会社それぞれの考えの違いから、乗り換え駅の名にも違いが出てくるのである。

〈取材協力〉

神奈川県／大和市／川崎市／藤沢市／小田急電鉄

〈主な参考文献〉

『小田急二十五年史』小田急沿革史編纂委員会、『小田急五十年史』『小田急75年史』小田急電鉄株式会社社史編集事務局（以上、小田急電鉄）
『小田急物語』生方良雄、『小田急よもやま話（上）（下）』加藤一雄（多摩川新聞社）
『全国鉄道事情大研究東京西部・神奈川篇1』『全国鉄道事情大研究東京西部・神奈川篇2』川島令三（以上、草思社）
『鉄道ピクトリアル別冊アーカイブスセレクション1　小田急電鉄1950～60』『鉄道ピクトリアル別冊アーカイブスセレクション2　小田急電鉄1960～70』『鉄道ピクトリアル1963年4月号　小田急電鉄特集』『鉄道ピクトリアル1973年11月臨時増刊号　小田急電鉄特集』（以上、鉄道図書刊行会）／『鉄道ピクトリアル1982年6月臨時増刊号　小田急電鉄特集』『鉄道ピクトリアル1991年7月臨時増刊号　小田急電鉄特集』『鉄道ピクトリアル2018年6月号【特集】小田急電鉄複々線完成』『鉄道ピクトリアル2020年8月臨時増刊号【特集】小田急電鉄』（以上、電気車研究会）
『小田急ロマンスカー』生方良雄ほか、『小田急の駅　今昔・昭和の面影』生方良雄、『小田急通勤型電車のあゆみ』生方良雄ほか、『小田急電鉄の車両』大畑哲海、『箱根登山鉄道125年のあゆみ』生方良雄（以上、JTBパブリッシング）
『週刊歴史で巡る鉄道全路線大手私鉄01　小田急電鉄』『週刊私鉄全駅・全車両基地01・02　小田急電鉄』（以上、朝日新聞出版）
『私鉄全線全駅』『持ち歩き旅の手帳　小田急線　全駅ぶらり散歩』『トラベルMOOK　小田急電鉄の世界』（以上、交通新聞社）
『小田急　車両と駅の60年』吉川文夫編著、『小田急ロマンスカー総覧』生方良雄（以上、大正出版）

『神奈川県の歴史』中丸和伯、『神奈川県の歴史散歩 上・下』神奈川県高等学校教科研究会社会科部会歴史分科会編、『東京都の歴史散歩 中』東京都歴史教育研究会編（以上、山川出版社）
『郷土資料事典 14 神奈川県』『郷土資料事典 13 東京都』（以上、人文社）
『続 駅名で読む江戸・東京』大石学、『小田急電鉄のひみつ』（以上、PHP研究所）
『東京史跡ガイド 12 世田谷区史跡散歩』竹内秀雄、『東京史跡ガイド 13 渋谷区史跡散歩』佐藤昇（以上、学生社）
『各駅停車全国歴史散歩 15 神奈川県』神奈川新聞社編（河出書房新社）
『小田急線歴史散歩』円谷真護（鷹書房）
『神奈川の鉄道』青木栄一ほか（日本経済評論社）
『私鉄の車両2 小田急電鉄』飯島巌（ネコ・パブリッシング）
『懐かしの小田急線』生方良雄（エリエイ）
『日本の私鉄 小田急電鉄』友岡友紀（毎日新聞社）
『小田急電鉄 半世紀の軌跡』荻原二郎ほか（彩流社）
『小田急沿線の1世紀』生方良雄（世界文化社）
『小田急ロマンスカー物語』生方良雄ほか（保育社）
『小田急線オール沿線風景』ベストカー編（講談社）
『東京の地名由来辞典』竹内誠編（東京堂出版）

〈ウェブサイト〉
国土交通省／東京都／小田急電鉄／東急電鉄／ウルトラマン商店街／マイナビ／はまれぽ ほか

監　修

浜田弘明（はまだ ひろあき）

1957年神奈川県海老名市生まれ。法政大学大学院人文科学研究科地理学専攻修了。現在、桜美林大学リベラルアーツ学群教授。相模原市教育委員会で人文地理担当学芸員として、博物館準備段階から開館後まで20年間勤務。その後、桜美林大学で博物館学芸員養成科目・文化地理学等を担当する傍ら、相模原市、座間市、海老名市、綾瀬市、大和市、藤沢市、愛川町など、県内の市史・文化財調査にたずさわる。

主な著書として、『米軍基地と神奈川』（有隣堂）、『帝都と軍隊』（日本経済評論社）、『街道の日本史　鎌倉・横浜と東海道』（吉川弘文館）、『100年前の横浜・神奈川』（有隣堂・いずれも分担執筆）など。監修として『東急沿線の不思議と謎』、『神奈川「地理・地名・地図」の謎』（ともに小社刊）などがある。

※本書は2015年1月に小社より刊行された『小田急沿線の不思議と謎』を大幅に加筆・修正し新たに刊行するものです。

装丁…杉本欣右
執筆協力…栗原 景
本文図版…イクサデザイン
編集…磯部祥行（実業之日本社）

じっぴコンパクト新書　405

小田急沿線《おだきゅうえんせん》の不思議《ふしぎ》と謎《なぞ》　増補改訂版《ぞうほかいていばん》

2023年11月15日　初版第1刷発行

監　修……………浜田弘明
発行者……………岩野裕一
発行所……………株式会社実業之日本社
〒107-0062 東京都港区南青山6-6-22 emergence 2
電話（編集）03-6809-0473
（販売）03-6809-0495
https://www.j-n.co.jp/

DTP……………Lush!
印刷・製本…………大日本印刷株式会社

ISBN978-4-408-65058-6（第二書籍）